AF343519

DE LA

PARTICIPATION DES PARTICULIERS

A L'EXERCICE DE

L'ACTION PUBLIQUE

PAR

G. LE MARCHAND

DOCTEUR EN DROIT
AVOCAT AU BARREAU DE SAINT-BRIEUC

———— ✳ ————

PARIS
LIBRAIRIE NOUVELLE DE DROIT & DE JURISPRUDENCE
ARTHUR ROUSSEAU, ÉDITEUR
14, RUE SOUFFLOT, ET RUE TOULLIER, 13
——
1900

DE LA

PARTICIPATION DES PARTICULIERS

A L'EXERCICE DE

L'ACTION PUBLIQUE

DE LA

PARTICIPATION DES PARTICULIERS

A L'EXERCICE DE

L'ACTION PUBLIQUE

PAR

G. LE MARCHAND

DOCTEUR EN DROIT

AVOCAT AU BARREAU DE SAINT-BRIEUC

PARIS

LIBRAIRIE NOUVELLE DE DROIT & DE JURISPRUDENCE

ARTHUR ROUSSEAU, ÉDITEUR

14, RUE SOUFFLOT, ET RUE TOULLIER, 13

1900

DE LA PARTICIPATION DES PARTICULIERS

A L'EXERCICE DE L'ACTION PUBLIQUE

INTRODUCTION

L'action publique ou pénale est l'action intentée devant l'autorité judiciaire pour obtenir la punition de l'auteur d'un acte défendu par la loi pénale. On l'oppose à l'action publique ou privée dont l'objet est de fournir à la victime d'un délit la réparation du préjudice éprouvé.

Cette définition nous montre tout d'abord que l'action publique a sa cause dans l'intérêt général des citoyens : c'est l'action de la société entière, tandis que l'action civile est formée dans un intérêt individuel. En second lieu, l'action publique tend à l'application d'une peine, c'est-à-dire d'un mal infligé au coupable par le pouvoir social; l'action civile a pour but la réparation matérielle d'un tort, principalement à l'aide de dommages-intérêts.

Dans ces notions générales, nous n'entreprendrons pas d'apporter la justification du droit de punir et,

par suite, d'établir la légitimé de l'action publique.
Quant à son utilité, elle saute aux yeux. L'Etat en sa
qualité d'être, — entité juridique — a le droit incontestable de poursuivre son développement normal et
légitime, développement qui est subordonné à une
condition essentielle : l'ordre social. Toute infraction
est une atteinte à l'existence de l'Etat; elle doit donc
être réprimée. En outre, l'Etat a le devoir d'assurer,
entre les membres de la cité, la conservation des rapports sociaux. Que deviendraient les principes de la
propriété, de la famille, les libertés individuelles dans
une société impuissante à punir le crime? Les citoyens
ont donc le droit d'exiger que la Société applique les
peines qu'elle a édictées, chaque fois que leur sécurité
est compromise, ce qui se produit non seulement
quand ils sont directement lésés par le fait délictueux,
mais encore chaque fois que la tranquillité générale
est atteinte. En sens inverse, les citoyens peuvent
aussi exiger que les poursuites ne soient pas dictées
par l'arbitraire, mais qu'elles aient toujours pour base
les vraies idées de justice. A ce point de vue, Montesquieu a pu dire : *De la bonté des lois criminelles
dépend la liberté du citoyen* (1).

Nous n'insisterons pas davantage sur ces idées; il
nous suffit de les avoir rappelées. Retenons seulement
que, devant une infraction à la loi pénale, les particuliers et l'Etat ont des droits communs à la répression.

(1) *Esprit des lois*, liv. XII, chap. II.

Mais ces droits, ceux de l'Etat d'une part, — ceux des particuliers d'autre part, — vont-ils toujours concorder? Tout au moins, n'est-il pas possible de comprendre que, dans les circonstances données, par suite du caractère spécial de telle infraction, le préjudice de l'Etat ou des particuliers diffère en intensité? Si oui, l'ardeur à la répression sera peut-être en proportion de la lésion. A qui donc, pour assurer une juste répression, faut-il confier l'exercice de l'action publique? Question dont l'importance en législation est capitale si l'on en juge par les soins minutieux qu'ont mis tous les peuples à la résoudre. C'est qu'en effet, les lois de procédure criminelle, en tant qu'elles organisent et réglementent l'action publique, nous donnent la double mesure des droits de l'Etat envers les citoyens et de ceux-ci envers l'Etat.

Le législateur peut se demander tout d'abord s'il faudra accorder à chacun des membres de la société le droit de poursuivre lui-même, devant les juges, l'auteur du fait délictueux, et lui confier le soin de demander contre le coupable la peine entraînée par la faute. Avec ce système, le droit des particuliers paraît intégralement sauvegardé. Au contraire, abandonnera-t-on à des représentants, choisis par l'Etat, ou par les citoyens eux-mêmes, — représentants qui, par leur moralité, leur justice et leur science, seraient une garantie sérieuse pour tous, — la charge de poursuivre la répression des faits délictueux? Ce second système exigerait de la part des citoyens l'abandon complet de leur droit et pourrait parfois entraîner de graves inconvénients. Aussi, comme le premier, n'a-t-il pas les faveurs des peuples modernes; tous deux ne présentent guère aujourd'hui qu'un intérêt théorique.

Instruits par l'expérience, les législateurs ont songé, dans un troisième système, à combiner les actions de l'Etat et des particuliers. Suivant le génie particulier à chaque peuple et les aptitudes sociales, tantôt la part réservée aux particuliers aura une réelle importance à côté de celle de l'Etat, tantôt, au contraire, les droits des particuliers, considérablement diminués, se résoudront à ceux de la partie lésée. Cette dernière conception est celle de la loi française. Notre Code d'Instruction criminelle confie l'action pénale aux magistrats du ministère public, mais il ne réduit pas à néant le droit des particuliers.

C'est là l'objet de notre étude. Nous nous proposons de nous demander quel est, dans notre législation criminelle, le mode de participation des particuliers dans l'exercice de l'action publique, prenant l'expression *exercice de l'action publique* dans son sens le plus large. Nous y faisons rentrer toutes les opérations juridiques qui ont pour fin dernière la prononciation de la peine, lorsque l'infraction a été constatée.

Pour apprécier justement notre législation moderne, nous devrons commencer par un rapide examen des législations anciennes dans leur forme générale, et des diverses conceptions françaises avant notre Code d'Instruction criminelle, nous réservant, d'ailleurs, de revenir sur les points particuliers de ces législations, au fur et à mesure du développement de notre seconde partie.

Cet ensemble formera la première partie de notre travail.

Dans la seconde partie, la plus importante, nous étudierons le système actuel, en entrant dans le détail des moyens réservés aux particuliers et de leurs conséquences juridiques et sociales.

Enfin, nous ferons l'examen rapide des principales législations étrangères. Ce sera notre troisième partie.

PREMIÈRE PARTIE

LÉGISLATIONS ANCIENNES ET FRANÇAISES JUSQU'AU CODE D'INSTRUCTION CRIMINELLE

Au premier âge de toutes les sociétés, l'action publique ne se distingue guère de l'action de la partie lésée. Plus exactement, il n'y a pas d'action publique, mais une action que la personne directement touchée par l'infraction dirige et poursuit à son gré. C'est que les hommes de ces premiers temps n'ont pas su encore découvrir l'intérêt général à côté, ou plutôt, au-dessus de l'intérêt privé. Rien de plus explicable : l'action publique suit un développement parallèle à celui de l'Etat ; or, chez les peuples primitifs, la société n'a pas de pouvoir propre.

On se contentera donc de la réparation individuelle du dommage. C'est ainsi qu'Homère nous représente sur le bouclier d'Achille deux hommes plaidant la question de savoir si la rançon du meurtre a été acquittée (1). De nos jours encore, les voyageurs nous rapportent que chez les peuplades de l'Afrique, l'on

____

(1) *Iliade*, liv. IX, vers 632.

se rachète d'un meurtre par une composition pécuniaire (1).

Si donc, à ces époques de l'histoire, les particuliers
jouent seuls un rôle dans les poursuites, il ne faut pas
s'abuser sur le caractère de son rôle : il est purement
privé (2).

Mais ce droit à la composition, qui n'est pas contesté
à la victime, comment a-t-il pu s'organiser ? Est-ce
une conception qui s'est imposée immédiatement à la
raison de l'homme ?

Sans doute, nous ne trouvons pas à l'origine un
groupe complexe, correspondant à l'État ; cependant
l'homme ne vit pas isolé. Il se rattache à un groupe
plus ou moins étendu comme la famille, la tribu ou la
gens, dans lequel on ressent bien vite l'existence
d'intérêts collectifs de défense.

Entre chaque groupe, et aussi entre individus de
groupes différents, il existera nécessairement pour la
victime d'un fait dommageable, un moyen de punir le
coupable : ce sera la guerre privée à laquelle prendra
part la famille et la tribu, ou bien *la composition
pécuniaire*, qui n'est que le rachat de droit de guerre (3).
A l'origine, la composition paraît donc la sanction du
droit d'un groupe auquel appartient la victime.

(1) HARTMAN, *Les Peuples sauvages de l'Afrique*, p. 213 et 216; — Comp.
THONISSEN, *Étude sur l'Histoire du Droit criminel*; — LUBBOCK, *Les Origines
de la Civilisation*, trad. Barbier (Paris, 1873).
(2) PARDESSUS, *la Loi Salique* (Douzième dissertation).
(3) FAUSTIN-HÉLIE, *Traité de l'Inst. criminelle*; — FUSTEL DE COULANGES,
La Cité Antique, passim.

Puis cette notion de composition a subsisté entre individus lorsque les groupes minimes se sont relâchés devant le groupe supérieur de l'État bien que celui-ci n'eût pas encore la puissance nécessaire pour organiser une répression collective.

SECTION PREMIÈRE

DROIT ROMAIN ET DROIT GERMANIQUE

I. — Dans la loi romaine, le principe de la réparation individuelle du dommage domine encore, lors même qu'à côté de l'intérêt privé l'intérêt général commence à naître. — On ne tarde pas à comprendre en effet que si l'intérêt privé des concitoyens sollicite la réparation du préjudice individuel, la cité, elle aussi, troublée par l'acte injuste, a droit à une réparation particulière. Il faut que le fait délictueux ne se renouvelle pas et que le coupable garde le souvenir. Sans doute ce double intérêt n'apparaîtra pas derrière toute infraction. La vie de l'État n'est pas encore bien active ; certaines infractions seules, particulièrement graves, y porteront atteinte, mais celles-là devront être punies, car elles ont lésé tous les citoyens. Ces délits vont donc revêtir un caractère nouveau : ils entraîneront une peine à leur auteur, et cette peine pourra être requise par chacun des membres de la cité. De là cette distinction capitale du droit romain, postérieur à celui des XII tables, des délits privés et des délits publics (1).

Délits privés. — L'action pénale privée, tendant à la poursuite des délits privés, ne se distingue pas de l'action civile simple. Elle est jugée devant les Tribunaux ordinaires suivant les formes applicables à une affaire civile. Le droit de l'intenter n'appartient qu'aux personnes lésées par le délit et à leur famille. Ainsi, au témoignage d'Ulpien, la personne injuriée peut seule introduire l'action d'injure : *Ipsi qui passus est injuriam, actio injuriarum competit* (2).

Au reste, dès qu'on était en présence de la partie lésée, aucune capacité n'était exigée pour l'exercice de l'action. On y admettait les femmes, les pupilles, les condamnés eux-mêmes : *Hi omnes si suam injuriam exsequantur, mortem propinquorum défendant; ab accusatione non excludantur* (3). Cependant l'action pénale privée contient en germe la notion de l'intérêt public : en effet, elle aboutit à une réparation qui, en un côté, est une véritable peine. Dans l'action civile simple, l'indemnité allouée à la personne qui a souffert

---

(1) La loi des XII Tables établissait le Talion, mais le Talion n'était pas une peine ; c'était une réparation dont la partie lésée avait seule le bénéfice et aussi seule le droit de la réclamer. — V. DE FOSSEUX, *Du Droit d'accusation à Rome*, 1870.

(2) ULPIEN, l. 17, § 15, Dig., *De Injuriis.*

(3) L. 11, Dig., *de Accusationibus.* — Conf. MAYNZ, *Cours de Droit Romain,* t. II, p. 267 et suiv.

le dommage, doit être représentative de ce dommage :
au contraire, dans l'action pénale privée, le demandeur
reçoit une somme d'argent, double, triple, quadruple
du dommage causé. — Cette action paraît donc pénale
à l'égard de l'auteur de l'acte poursuivi.

Quoi qu'il en soit, il serait hasardeux de voir dans
cette action autre chose qu'une variété, qu'une forme
de l'action civile ordinaire. Le particulier qui l'exer-
çait n'accomplissait donc pas une charge publique :
il n'était pas un véritable accusateur, comme il va
l'être dans la poursuite des délits publics.

Délits publics. — Ces délits étaient considérés
comme portant atteinte à l'ordre social : tels les crimes
de lèse-majesté, de meurtre, de faux, d'adultère,
délimités et organisés par des lois spéciales : *Julia
majestatis, Julia de Adulteriis, Pompeia parricidii,*
car, en règle générale, les délits étaient privés. Chacun
des membres de la cité se trouvant intéressé à la
répression de ces crimes, pouvait se porter accusateur.
Au reste, cette conséquence se rattachait harmonieu-
sement au système politique romain, qui accordait au
citoyen la plus large part dans tous les pouvoirs :
*cela était établi selon l'esprit de la République, où
chaque citoyen doit avoir pour le bien public un zèle
sans bornes, où chaque citoyen est censé tenir tous
les droits de la patrie entre ses mains* (1). Le droit

(1) MONTESQUIEU, *Esprit des lois,* liv. VI, chap. VIII.

d'exercer un *judicium publicum* devient une nouvelle prérogative du citoyen.

Le *libellus accusationis* était déposé entre les mains du préteur. La sentence fut rendue tout d'abord par les comices, plus tard par ces tribunaux criminels permanents. Si plusieurs se présentaient, la direction de l'accusation était reconnue de préférence à la partie lésée, qui avait double intérêt à la poursuite. (1) Dans tous les cas, la qualité de citoyen romain était strictement exigée pour intenter les poursuites publiques. Étaient écartés les condamés, les faux témoins, les infâmes, comme indignes de ce haut ministère ; l'étaient aussi pour d'autres causes les magistrats, les femmes, les mineurs, les affranchis vis-à-vis de leur patron, et les citoyens ne payant pas un certain cens (2).

Tel est le système que les commentateurs ont désigné sous le nom de système *d'accusation populaire*. L'action publique est remise aux mains des particuliers, le pouvoir social n'intervient que pour prononcer la peine et la faire exécuter. Il présentait pour les Romains de nombreux avantages : l'accusateur et l'accusé combattaient avec des armes égales, l'opposition du pouvoir n'était pas à redouter. Grâce à cette conception, le citoyen avait son intérêt intimement lié à celui de l'État, et chaque lésion du corps social venait directement

(1) De Boys, *Histoire du Droit criminel des peuples anciens*, p. 407.
(2) Dig., *De Accusationibus*, l. 48, t. II, loi 10.

l'atteindre dans ses droits (1). Cependant cette conception reposait tout entière sur la valeur civique du citoyen romain. Déjà, aux temps de la République, c'était la voie laissée libre aux jeunes orateurs ambitieux qui, par intérêt, pour préparer leur avenir politique, poursuivaient les hommes puissants et les magistrats sortant de charge, tout en laissant de côté, dans l'impunité, d'autres crimes moins passionnants qui n'offraient pas matière suffisante au déploiement de leur talent oratoire (2). Lorsqu'à la République succéda l'Empire, et que le *zèle sans bornes pour le bien public*, l'amour de la patrie, furent remplacés par l'indifférence politique, on vit bientôt de nombreux délits rester impunis (3). Résultat plus triste encore, l'accusation populaire devint une arme redoutable entre les mains des ambitieux et des gens sans scrupules. *On vit paraître,* dit Montesquieu, *un genre d'hommes funestes, une troupe de délateurs. Quiconque avait des vices, une âme bien basse et un esprit ambitieux, cherchait un criminel dont la condamnation pût plaire au Prince : c'était la voie pour aller aux honneurs et à la fortune* (4).

D'autre part, l'accusateur bénéficiait d'une partie de l'amende infligée, ou même parfois du quart des

---

(1) PLUTARQUE, 1re partie, chap. I.
(2) QUINTILIEN, *De Institutione oratoria*, l. XI, 1, n° 42.
(3) CICÉRON, *Pro Roscio*, 20.
(4) *Esprit des lois*, liv. VI, chap. VIII.

biens du condamné, en cas de confiscation de ces biens (1).

Devant ces inconvénients, la législation devait inévitablement changer de caractère. Sous la République, des consuls s'étaient déjà avisés de se saisir directement, lorsque des crimes graves ne trouvaient pas d'accusateurs, exemple suivi bientôt par les Ediles Plébéiens dans les matières de leur compétence. C'était là le signe précurseur de la procédure inquisitoriale. L'Empire le comprit : on vit bientôt les juges poursuivre d'office, sans accusateur. D'autre part, de nouveaux fonctionnaires, les *procuratores Caesaris*, les *defensores civitatum* reçurent, par des constitutions impériales, le droit de poursuivre certains crimes au nom de l'empereur (2). Ce mouvement alla toujours s'accentuant, jusqu'à la disparition, sous le bas-empire, de l'accusation populaire.

II. — Les coutumes germaniques ne dégagèrent pas la notion de l'action publique. Les parties offensées avaient seules un droit d'action, mais elles ne poursuivaient que la vengeance privée. Nous n'aurons donc pas à insister sur ces législations ; nous ne rappelons leurs principales dispositions que pour ne pas rompre le développement historique des droits des particuliers.

(1) Du Fosseux, *Du Droit d'accusation à Rome*.
(2) Code Just. *De Advocatis fisci*, liv. IV ; *De Defensoribus civitatum*, liv. V et VI.

En Germanie, l'offense donnait lieu à la guerre privée aboutissant au paiement d'une composition ou *Vergeld*, à débattre entre les parties, mais dont le quantum, généralement fixé d'avance, était basé sur la condition sociale de la victime (1).

C'est ce système que les Francs apportèrent en Gaule, sans y introduire de modifications sensibles. Les peines ne furent jamais, chez eux, appliquées au nom de la société. On vit bien, en même temps que se développait la notion le pouvoir, les compositions recevoir une réglementation (2). Les lois Salique et Ripuaire organisent même le *fredum*, c'est-à-dire ordonnent qu'une part de la composition sera versée au fisc, mais le *fredum* n'a pas le caractère d'une amende : il est le prix de la protection qu'accorde le pouvoir à l'offenseur contre la guerre privée. La *faida*, seconde part de la composition, est attribuée à la victime, à titre d'indemnité. Quoi qu'il en soit, le caractère primitif de l'action subsista ; l'action ne fut jamais publique.

Comme le dit M. Faustin-Hélie : *Les crimes étaient plutôt réparés que punis, et cette réparation n'intéressait en général que la partie lésée puisqu'elle ne donnait lieu qu'à des compositions auxquelles la victime et sa famille avaient seules droit. Le roi et*

(1) Edit de Rotharis, 140-2 ; TACITE, *De Moribus Germanorum*, chap. XII.
(2) MONTESQUIEU, *Esprit des Lois*, liv. XXX, chap. XIX ; — Abbé DE GOURAY, *Etat des personnes sous la première et deuxième races*, Paris, 1769.

les chefs de justice qui prélevaient le fredum n'avaient aussi qu'un intérêt spécial (1).

SECTION II

ANCIEN DROIT FRANÇAIS

Durant la période mérovingienne et le moyen-âge, c'est l'idée de vengeance qui anime encore les poursuites. Bientôt les compositions disparaissent laissant la place aux peines corporelles et aux amendes prononcées au profit des seigneurs. A l'intérêt privé vient donc insensiblement s'ajouter l'intérêt public en même temps que le système féodal s'affirme. Il n'en est pas moins vrai que la poursuite repose sur l'accusation. Pas d'accusateur, pas de poursuite. Le procès criminel est un débat entre les particuliers, débat souvent impossible à soutenir quand l'accusé était un homme puissant par les richesses ou par la force des armes.

Les délits qui ne trouvaient pas d'accusateurs restaient forcément impunis, et *nul ne pourrait appeler que pour soi, son lignage ou son seigneur* (2). — Pour diminuer l'impunité, certains coutumiers admirent que si la victime n'avait pas de lignage, le roi ou le seigneur pourrait cependant intenter la poursuite, ou même dans tous les cas l'organiser (3).

(1) *Instr. crim.*, t. 1, p. 486.
(2) Beaumanoir, liv. LXII.
(3) Esmein, *Histoire de la procédure criminelle en France*, p. 50 et 51.

Procédure inquisitoriale. — Toutes ces améliorations ne suffisaient pas ; le pouvoir social ne devait pas rester inactif devant l'infraction pénale, surtout en présence de crimes flagrants ou *notoires*. — On admit que le Juge pourrait se saisir lui-même, sans la présence d'un accusateur. — Au XIIIe siècle, la procédure inquisitoriale s'organisa et son développement alla croissant jusqu'à son triomphe au XIVe siècle. — Avant le XIIIe siècle déjà, l'Église admettait que les cours ecclésiastiques pouvaient poursuivre d'office avec la procédure *per inquisitionem*. — Les juges pouvaient, en l'absence d'accusateur, condamner sur la déposition des témoins.

Les juridictions laïques elles aussi arrivèrent à la même conception avec l'institution de *l'aprise*. Comme en cas de flagrant délit, le juge put entendre des témoins sans le concours de l'accusé, au moyen d'enquête d'office ou *aprise*.

Il agissait donc sans accusateur et sans plainte de la partie lésée.

De l'enquête d'office à la procédure inquisitoriale, le passage fut direct. — L'extension de cette procédure fut d'ailleurs favorisée par l'attitude des particuliers pour lesquels le rôle d'accusateur avec tous les périls du combat judiciaire ne convenait plus. — La partie lésée elle-même prit l'habitude de borner son rôle à la dénonciation : elle se contenta de signaler au juge les faits délictueux. Sur la dénonciation, ou d'office, le juge ouvrait une enquête.

Nous n'entrerons pas plus avant dans le système inquisitorial : cette étude nous éloignerait trop de notre sujet. — Constatons seulement, et c'est le point qui nous intéresse, qu'à côté du système inquisitorial les particuliers conservent leur droit d'action, si à la vérité ils ne l'exercent plus en fait que sous la forme de la *dénonciation*. — Quoi qu'il en soit, ce système contenait en lui-même des vices fondamentaux. Il obligeait le juge à jouer un rôle qui ne lui appartient pas : le juge doit être passif ; c'est un arbitre qui, en aucun cas, ne peut entrer en lutte avec le coupable. Il fallait donc trouver une conciliation entre le système accusatoire et inquisitoire, retirer au juge un droit de poursuites qui compromettait son caractère pour le réserver à un défenseur autorisé de la Société. Ce problème soulevait des difficultés particulières, car il fallait choisir ce représentant assez indépendant pour qu'il fût exempt des passions et des haines personnelles, assez soucieux de la chose publique pour qu'il poursuivît les crimes sans autre but que celui d'accomplir un devoir.

Cette conciliation fut trouvée au xive siècle, lorsque apparut l'institution du ministère public : *Ça été sage-ment et humainement faict*, dit Ayrault, *d'avoir planté et subrogé le procureur du roy au lieu de ceux, lesquels en estat populaire, se meslaient d'accuser autruy sans intérest particulier qu'ils eussent. Ça été apporter une grande douceur à la société humaine que de remettre à une personne seule ce qui est simplement du public : Oster toutes ces accusations populaires et la licence vague et indéfinie de se rechercher et entremanger sous prétexte d'un zelle qu'on doit avoir* (1).

Bouteillier nous indique le rôle du ministère public : *Procureur d'office est celui qu'en cour d'aucun seigneur est promoteur de luy faire partie contre tous délinquants qui au territoire dudit seigneur ont délinqué soit partie adjointe, soit sans partie adjointe* (2).

A l'époque où nous sommes parvenus, les crimes et les délits sont soumis à trois modes de poursuite, car il ne faudrait pas croire que l'action du ministère public fût exclusive de toute autre. L'initiative du juge n'était guère contestée alors : *Tout juge était procureur général* (3). Au xviii° siècle même, nous voyons que l'habitude des plaignants était encore de s'adresser au juge plutôt qu'au Procureur du roi. Quant aux particuliers, ils gardèrent le droit de dénonciation et d'accusation, ce dernier de plus en plus réduit il est vrai, mais bien vivant cependant dans la nouvelle forme de *l'accusation par partie formée.* Lorsque l'accusateur demandait à tenir lui-même *prison fermée.*

(1) AYRAULT, *Ordre et Instruction judiciaire*, liv. II, chap. 47.
(2) *Grand Coutumier*, t. IX, p. 82.
(3) JOUSSE, *Nouveau commentaire sur l'Ordonnance de 1670*, tit. III : — SERPILLON, *Code criminel*, t. I, p. 416.

c'est-à-dire consentait à être emprisonné lui-même jusqu'au jugement définitif, le juge compétent se trouvait dans l'obligation d'informer (1), quel que fût cet accusateur par rapport à la personne à poursuivre. On admit du reste que la prison pouvait être remplacée par une caution. Cette pratique, nous dit Ayrault, ne se conserva pas après le XVI⁰ siècle (2).

Au surplus, la partie lésée avait reçu par les ordonnances de la fin du XV⁰ siècle et du commencement du XVI⁰ siècle (3) le droit de plainte, en vertu de laquelle elle saisissait le juge aussi bien que le ministère public. Et même dans le cas où il y avait partie civile en cause, la partie publique ne jouait qu'un rôle accessoire : *mais que la partie intéressée n'ait plus de droit à la vindicte publique : et jaçoit que les fonctions de procureur du roy lui servent beaucoup, que les siennes ne soient que secondes et comme subsidiaires, c'est ce que je n'admettrais pas fort aisément : la partie civile que nous appelons, c'est le vrai demandeur et accusateur : le procureur du roy n'est que joinct* (4). — D'ailleurs les officiers du ministère public ne cherchaient pas à étendre leur domaine d'action. Ils s'abstenaient d'introduire des poursuites en l'absence des parties plaignantes, si bien

(1) *Somme rurale*, tit. XXXIV, p. 378.

(2) Ayrault, *op. cit.*, liv. III, chap. 10 ; — conf. Jousse, *Pratique criminelle*, liv. III, chap. I, n⁰ 3.

(3) Ordonnances de 1498, 1536 et 1539.

(4) Ayrault, *op. cit.* liv. II, chap. 47.

que les Etats Généraux tenus à Orléans, vinrent leur rappeler leur rôle (1). L'article 61 de l'Ordonnance de janvier 1561, exauçant un vœu du Tiers-Etat, prescrivit aux officiers du roi et des seigneurs de poursuivre tous les crimes ou délits venus à leur connaissance, *sans attendre la plainte des parties civiles et intéressées, ni les contraindre à se rendre partie, faire tous les frais nécessaires, si volontairement ils ne les offrent et veulent faire* (2).

Il est donc absolument constant que les parties lésées pendant cette période exerçaient en fait l'action publique, le ministère public n'était que partie jointe, son droit était un droit de surveillance. C'était la partie lésée qui faisait la procédure, produisait les témoins et concluait à l'application de la peine. Imbert nous le dit catégoriquement : *Selon le droit commun, les parties civiles peuvent tendre à punition corporelle et à la réparation de leurs intérêts* (3).

Ordonnance de 1670. — L'ordonnance de 1670 vint préciser le pouvoir du ministère public. Faut-il dire qu'elle l'étendit? En fait, après cette ordonnance, les officiers royaux exercèrent des poursuites beaucoup plus fréquentes. Ils reçurent aussi le droit exclusif de conclure à une peine : *Les particuliers ne pouvant*

(1) *Etats Généraux et autres assemblées nationales*, t. XI, p. 274 et suiv. : — Augustin Thierry, *Histoire du Tiers Etat*, p. 115.
(2) Isambert, *Anciennes lois françaises*, t. XIV, p. 81.
(3) Imbert, op. cit., II, chap. I.

demander la vengeance des crimes, c'est la fonction des procureurs du roy de tenir lieu de partie pour l'intérêt public (1). D'autre part, le ministère public fut dans l'obligation stricte de poursuivre les crimes entraînant une peine afflictive ou infamante, *soit que la partie se plaigne ou non*. Cependant la pratique était tellement enracinée que Bornier enseignait encore, après l'ordonnance de 1670, que *l'usage de ce royaume est que le procureur du roy et des justices seigneuriales ne peuvent accuser qu'ils n'aient quelque particulier instigateur* (2).

A côté du ministère public, les parties lésées virent leurs droits précisés par l'ordonnance. Les particuliers lésés, d'après l'article 5 du titre III, ne furent réputés partie civile que s'ils le déclaraient formellement dans la plainte ou par acte subséquent. L'ordonnance leur permettait en outre de se désister dans les vingt-quatre heures sans avoir à supporter les frais postérieurs à son désistement. Lorsqu'il y avait déclaration formelle de la partie civile, le ministère public ne jouait jamais qu'un rôle de partie jointe, même dans la poursuite des grands crimes. L'article 19 de l'ordonnance décidait que pour les autres crimes la partie civile avait le droit de poursuite le plus complet. On lui avait même reconnu le droit de transiger : *Seront les transactions exécutées sans que nos procureurs ou*

<hr>

(1) DONNAT, *Le droit public*, liv. II, tit. I, section 2.
(2) *Conférence des Ordonnances*, t. II, p. 67.

ceux des seigneurs puissent en faire aucune pour elle. Elle disposait donc complètement de l'action publique.

Le particulier non lésé ne jouissait pas du droit de plainte : *Pour pouvoir rendre plainte, il faut y être intéressé ; il est défendu aux juges de recevoir des plaintes pour raison des faits qui n'intéressent pas les parties ; sauf à recevoir des plaintes pour dénonciations* (1). Et même certaines personnes ne pouvaient se porter dénonciateurs comme les vagabonds, les gens sans aveu et mal famés, parce que, en cas de calomnie, il eût été impossible d'exercer contre elles le recours en dommages-intérêts. Pour des raisons de convenance, l'ancienne jurisprudence, s'inspirant de la loi romaine sur le droit d'accusation, refusait la dénonciation au fils contre son père, à la femme contre son mari, aux frères et sœurs les uns contre les autres.

Quant aux juges, ils conservaient aussi le droit de se saisir du procès pénal, sans accusateur. (2).

L'idée de justice publique avait donc considérablement grandi durant la royauté. Les délits étaient devenus insensiblement des délits publics, sanctionnés par de véritables peines. La poursuite avait pris le caractère d'un acte social. Cependant nous avons constaté que, si de plus en plus, elle avait tendu à

(1) Jousse, *Traité de la Justice criminelle*, t. II, p. 47 ; — Muyart de Vouglans, *Lois criminelles*, p. 588 et 589 ; — Arrêts du Parlement de Paris du 12 janvier 1717 et 16 septembre 1741 ; — Parlement de Dijon, 26 mars 1716 et 26 août 1741.

(2) Jousse, *Nouveau commentaire*, t. III.

remonter vers le pouvoir, on n'avait pas songé à la monopoliser à son profit. Les particuliers jouaient un rôle important dans l'exercice de l'action publique, quand ils avaient été lésés par l'infraction, dans la poursuite des crimes comme dans la poursuite des délits.

SECTION III

DROIT DE LA PÉRIODE INTERMÉDIAIRE.

La Révolution, dans son ardeur de rénovation, ne pouvait manquer de toucher à l'édifice judiciaire que lui léguait la Monarchie. L'Assemblée Nationale décida, par son décret du 11 août 1789, que l'ordre judiciaire recevrait une nouvelle organisation.

Nous ne nous proposons pas de suivre les orateurs de cette époque dans toutes les discussions qui intervinrent alors, nous contentant de retenir celles qui ont trait à l'organisation de l'action publique, et qui visent plus particulièrement les particuliers.

Le principe nouveau de la souveraineté du peuple devait faire revivre la conception ancienne de l'accusation populaire. Aussi, dans la séance du 10 août 1790, M. Brevet (1), reprenant les arguments du *Contrat social*, déclara que le droit d'accuser devait

(1) *Moniteur* du 10 août.

appartenir à chaque citoyen. De même M. Beaumetz s'écria : *Je propose de décréter que chaque citoyen aura le droit d'accuser*, ajoutant : *Si chacun ne peut accuser pour le délit dont il a été témoin, il n'y a plus d'amour de l'ordre ni d'esprit public*. On cita les exemples des républiques anciennes, celui du système Anglais. Quoi qu'il en soit, cette opinion fut vivement combattue. M. Brillat-Savarin rappela les abus de l'accusation populaire, et avec lui M. Chabroud déclara : *Je fuirais le lieu où le premier individu aurait le droit de m'accuser au nom du peuple : ce serait le moyen le plus sûr d'attenter à la liberté individuelle*. M. Thouret, rapporteur de la loi, remarqua fort justement qu'il n'accordait aucune valeur à *des considérations tirées de nos anciens usages, ou des usages actuels des peuples qui n'ont pas la même constitution que nous* (1). Bref l'Assemblée décida que l'exercice de l'action publique serait délégué.

Mais ce principe de la délégation admis, quel devait être le pouvoir délégant ? Le roi ou les citoyens ? — *Il y a toute raison, disait-on d'une part, d'appréhender qu'un homme nommé par le Prince ne soit plutôt l'homme de la cour et du ministre que l'homme de la loi et du citoyen* (2). — On répondait que l'exécution de la loi est confiée au roi et à ses coopérateurs

(1) Voir *Moniteur* des 10, 11, 12 août 1790.
(2) *Moniteur* des 10, 11, 12 août 1790.

et que ceux-ci doivent être nécessairement choisis par le roi. Enfin l'Assemblée se prononça pour la délégation du peuple, mais fit en même temps une concession aux partisans de la délégation royale. On créa un système mixte dans lequel les fonctions de commissaire du roi et d'accusateur public furent séparées. (Titre VIII du décret des 16-24 août 1790). Les commissaires du roi recevaient la fonction de requérir l'application de la loi sur toutes les accusations, mais ils n'avaient pas le pouvoir d'accuser. Ils étaient aussi chargés de faire exécuter les jugements.

Ce furent les lois des 16-19 septembre 1791, complétées par le décret des 29 septembre-21 octobre (1) de la même année, qui organisèrent l'action publique et en confièrent l'exercice : 1° aux juges de paix et officiers de police judiciaire ; 2° aux parties lésées et autres citoyens ; 3° aux accusateurs publics.

Les juges de paix et officiers de police judiciaire constataient les délits et informaient, soit d'office, soit sur les plaintes et dénonciations dont ils étaient saisis; ils pouvaient décerner des mandats d'amener ou d'arrêt.

L'accusateur public soutenait l'accusation, transmettait au juge de paix les dénonciations qu'il avait reçues.

Les particuliers recevaient dans ce système un rôle d'une importance considérable. Tout d'abord, ils

______
(1) DALLOZ, *Répertoire*, Instruction criminelle.

avaient le droit de plainte dans toute son extension juridique, comportant le pouvoir de contraindre l'officier de police à ouvrir une instruction. Lorsque cet officier refusait de décerner un mandat d'amener, la partie plaignante se pourvoyait directement devant le directeur du jury, avec lequel elle collaborait à la rédaction de l'acte d'accusation, en cas d'accord avec lui, ou bien, s'il y avait désaccord, elle saisissait directement le jury d'accusation et dressait elle-même un propre acte d'accusation. Les débats engagés, le plaignant avait encore une part d'action très active : il pouvait produire des témoins et soutenait l'accusation à côté de l'accusateur public.

En outre, tout citoyen, témoin d'une infraction, avait reçu le droit de dénonciation, dont le résultat était de mettre nécessairement en mouvement l'action publique, si cette dénonciation était signée.

Cette législation, on le voit, manquait de netteté. Les fonctions de commissaire du roi étaient effacées. Les juges de paix et officiers de sûreté cumulaient, à l'encontre des principes du droit, les pouvoirs du juge et de la partie publique. Enfin les droits des accusateurs publics et ceux de la partie lésée restaient confondus, sans intérêt aucun pour la bonne application de la justice. Des modifications s'imposaient ; aussi la Convention chercha à revenir à un système plus simple dans le Code des Délits et des Peines du 3 brumaire an IV.

Le nouveau Code commence par distinguer catégoriquement l'action publique et l'action civile, comme appartenant la première à la société, la seconde à la partie lésée (art. 430). L'accusation est soutenue devant le tribunal de police ou correctionnel par le commissaire du pouvoir exécutif, devant le tribunal criminel par l'accusateur public. Les particuliers participent à l'action publique par la dénonciation qui revêt deux formes : la dénonciation privée et la dénonciation officielle ou spéciale aux fonctionnaires. La dénonciation met en mouvement l'action publique, lorsqu'elle est signée (art. 90). Cependant ce droit a une portée moindre que dans la législation de 1791. Le dénonciateur, si le juge de paix refusait de délivrer un mandat, ne pouvait plus que se pourvoir devant le directeur du jury, dont la décision s'imposait à lui. Dans le cas de délit emportant peine afflictive et infamante, la partie plaignante conservait le droit de rédiger l'acte d'accusation et de le soutenir devant le jury. Enfin, elle produisait ses témoins.

En compensation des pouvoirs perdus, la partie lésée reçut un droit nouveau, dont l'importance était considérable : le droit de citation directe qui lui permettait de saisir immédiatement, sans aucune instruction préalable, les tribunaux de police et les tribunaux correctionnels, et de contraindre ceux-ci à rendre une décision.

Ajoutons, pour terminer cette étude de Droit intermédiaire, que la loi du 22 frimaire an VIII amena la suppression de l'accusateur public. *La fonction d'accusateur public près le tribunal criminel est remplie par le Commissaire du gouvernement* (art. 63). C'était la reconstitution de l'ancien ministère public, dont l'étendue des fonctions allait grossir encore avec la loi du 7 pluviôse an IX, en remettant aux Commissaires du gouvernement le droit exclusif de la poursuite des délits en matière criminelle et correctionnelle. La France, assagie par les expériences sanglantes des années révolutionnaires, voulait se reposer à l'abri du pouvoir. Près de chaque chef-lieu judiciaire fut établi un Commissaire du gouvernement, et dans chaque arrondissement un substitut fut chargé de la recherche et de la poursuite des crimes.

Les particuliers gardaient le droit de plainte et de dénonciation, celui de citation directe, le droit de produire des témoins, et celui de participer à la rédaction de l'acte d'accusation (1).

(1) *Moniteur universel*, t. XXIII.

DEUXIÈME PARTIE

LÉGISLATION FRANÇAISE DU CODE
D'INSTRUCTION CRIMINELLE

Principes.

En outre de l'intérêt qu'elle présente par elle-même, l'étude historique que nous venons de faire s'imposait véritablement. En effet, le législateur de 1808 ne devait pas, sur le point qui nous occupe, apporter de profondes modifications au système que lui transmettait le Droit intermédiaire. Dans son dernier état, cette législation avait bien nettement distingué l'intérêt social en face de l'intérêt privé, et, conséquence de cette idée, l'action civile. Il y avait aussi, dans l'institution du ministère public, une telle puissance de logique et de raison que, plus que jamais, avec la marche de la civilisation et la compréhension d'un pouvoir fortement constitué, cette institution devait recevoir dans la science criminelle une place prépondérante. Restait seulement à délimiter les pouvoirs des autorités chargées d'assurer la répression des infractions et à les distribuer sur le territoire conformément aux nécessités de la justice, en établissant entre elles la hiérarchie savante des institutions impériales.

L'exercice de l'action publique fut donc remis aux mains des magistrats du ministère public : *L'action pour l'application des peines n'appartient qu'aux fonctionnaires auxquels elle est confiée par la loi*, proclame l'article 1er du Code d'instruction criminelle. Comme le disait M. Treilhaud dans l'exposé des motifs : *Le Gouvernement étant spécialement chargé de veiller au maintien de l'ordre public, doit être investi de tous les pouvoirs nécessaires pour rechercher et faire punir les délits qui le troublent. C'est donc à des agents choisis par lui et soumis uniquement à son impulsion que l'exercice de ce pouvoir doit être confié* (1). Partant de ce principe, l'article 22 du Code et l'article 45 de la loi du 20 avril 1810 disposent que la recherche et la poursuite de tous les délits appartiendront aux procureurs impériaux, magistrats sous la dépendance des procureurs généraux.

Nous n'entrerons pas dans de plus longs développements sur l'organisation et le fonctionnement du

(1) Séance du 3 novembre 1808. Certaines administrations, douanes, contributions indirectes, eaux et forêts, ponts et chaussées, ont le droit de poursuivre directement en leur nom devant les tribunaux de répression les infractions qui blessent leurs intérêts administratifs. Nous trouvons là de véritables ministères publics spéciaux. Ces administrations peuvent généralement transiger. Nous n'étudierons pas ces dispositions assez complexes qui rentrent plutôt dans l'étude des droits du ministère public. V. loi du 5 germinal an XII ; loi du 28 avril 1816 ; Code forestier, art. 153 et 183 ; loi du 15 avril 1829.

ministère public. Rappelons seulement quelques principes généraux. Notre législateur consacre l'indépendance complète du ministère public, ce qui doit signifier que tout d'abord les tribunaux ne pourront lui adresser des ordres (1), et qu'ensuite il agira de son initiative propre, en dehors des particuliers, chaque fois qu'il sera en présence d'une infraction (2), puisque dans notre législation tous les délits sont des délits publics. D'autre part, si l'action publique a sa base et son explication dans l'intérêt social, on conçoit que le ministère public ne puisse disposer d'une action qu'il exerce au nom de la société. En conséquence, si le ministère public s'aperçoit, au cours des poursuites, du mal fondé de son action, il n'a pas le pouvoir d'arrêter ces poursuites, car le tribunal saisi doit statuer ; le ministère public pourra seulement conclure à l'acquittement (3). Par application de cette idée et *a fortiori*, l'exercice de l'action publique ne peut non plus être interrompu par la renonciation de la partie lésée à son action civile.

Cependant, toutes ces conséquences, rigoureusement logiques dans une législation qui remet aux mains du ministère public seul l'exercice de l'action pénale

(1) L'article 11 de la loi du 28 avril 1810 a cependant donné aux Chambres assemblées des Cours d'appel, et l'article 235 du Code d'Instruction criminelle à la Chambre des mises en accusation, le pouvoir d'ordonner des poursuites au ministère public.

(2) Voilà le principe. Nous étudierons les exceptions qui lui sont apportées.

(3) Cassation, 18 avril 1859 (S., 59, 1, 177), 21 juin 1877 (S., 78, 1, 46).

doivent-elles être déduites du système de notre Code d'Instruction criminelle ? En d'autres termes, faut-il dire que les magistrats du ministère public ont reçu un monopole exclusif sur l'exercice de l'action publique ? Nous savons que les législations romaines et les anciennes législations françaises avaient exagéré le rôle des particuliers dans la poursuite des crimes et délits, mais il ne faut pas oublier non plus que le manquement à la loi pénale n'est jamais un fait indifférent pour les citoyens. Leur intérêt est surtout évident quand ils ont été touchés directement par l'infraction : *Il faut qu'un mur ne soit pas établi entre celui qui est lésé dans ses droits par un acte délictuel et la justice, et que ce mur ne soit pas élevé par le ministère public. Il faut que celui qui est victime d'un délit ait ouvert le chemin de la justice lorsque le ministère public n'agit pas* (1). Le législateur moderne ne pouvait, sous aucun prétexte, étouffer les droits des particuliers. Sans doute notre Code ne leur donne pas le pouvoir des accusateurs du droit romain ; en aucun cas ils ne pourront requérir contre le coupable la prononciation d'une peine, car c'est là affaire sociale. Mais nous allons voir que le Code d'Instruction criminelle a compris qu'une certaine participation à l'exercice de l'action publique devait être laissée aux particuliers. Ils pourront tout

---

(1) SABSBOURT, *Verhandlung des erst dent Juristentag*. p. 253.

d'abord provoquer la mise en mouvement de cette action, dans tous les cas, qu'ils soient lésés ou non. S'il y a lésion, ils la mettront eux-mêmes en mouvement. Mais le rôle des particuliers ne s'arrêtera pas là : la loi, dans certaines hypothèses déterminées, fait de leur plainte la condition de l'exercice de l'action publique. Et enfin, nous constaterons qu'ils ne seront pas complètement écartés de l'exercice même de l'action publique, lorsque celle-ci suit son cours.

Cette seconde partie sera divisée en cinq chapitres :

CHAPITRE Iᵉʳ. — Les particuliers provoquent la mise en mouvement de l'action publique.

CHAPITRE II. — Les particuliers mettent en mouvement l'action publique.

CHAPITRE III. — Des cas où la plainte des particuliers est la condition nécessaire à l'exercice de l'action publique.

CHAPITRE IV. — Les particuliers participent à l'exercice proprement dit de l'action publique.

CHAPITRE V. — La participation des particuliers à l'exercice de l'action publique doit-elle être restreinte ou augmentée ?

CHAPITRE PREMIER

CAS OÙ LES PARTICULIERS PROVOQUENT LA MISE EN MOUVEMENT
DE L'ACTION PUBLIQUE.

De la Dénonciation et de la Plainte.

§ 1er. — Définition et caratères généraux.

Toute personne jouit du droit de provoquer la mise en mouvement de l'action publique dans deux hypothèses distinctes, suivant que l'acte délictueux la touche indirectement ou directement : elle exerce ainsi le droit de dénonciation ou le droit de plainte.

Qu'est-ce que la dénonciation ou la plainte ?

La Dénonciation est la déclaration faite à la justice de l'existence d'un crime ou d'un délit dont on a connaissance.

La Plainte est une dénonciation faite par la personne lésée, ou bien, suivant la définition de la loi du 16-29 septembre 1791, *c'est la dénonciation d'un tort personnel au plaignant.*

Commençons par nous occuper de la dénonciation, et nous ajouterons ensuite quelques mots à propos de la plainte.

A. De la dénonciation. — Nous savons ce qu'est la dénonciation. Le législateur ne s'en est occupé qu'incidemment dans les articles 29 à 31 du Code d'Instruction criminelle, où il détermine les fonctions des Procureurs et de leurs Substituts. Il établit deux sortes de dénonciations : la dénonciation officielle, et la dénonciation privée :

ART. 29. — *Toute autorité constituée, tout fonctionnaire ou officier public qui, dans l'exercice de ses fonctions, acquerra la connaissance d'un crime ou d'un délit, sera tenu d'en donner avis sur-le-champ au Procureur du Roi près le Tribunal dans le ressort duquel ce crime ou ce délit aura été commis, ou dans lequel le prévenu pourra être trouvé, et de transmettre à ce magistrat tous les renseignements, procès-verbaux et actes qui y sont relatifs.*

ART. 30. — *Toute personne qui aura été témoin d'un attentat, soit contre la société publique, soit contre la vie ou la propriété d'un individu, sera pareillement tenue d'en donner avis au Procureur du Roi, soit du lieu du crime ou du délit, soit du lieu où le prévenu pourra être trouvé.*

DÉNONCIATION OFFICIELLE. — Il ressort de ces textes que la dénonciation est officielle lorsqu'elle est faite par un officier public qui acquiert, dans l'exercice de ses fonctions (1), la connaissance d'une

(1) Hors l'exercice de ses fonctions, il ne faudrait voir dans le fonctionnaire public qu'un particulier.

infraction à la loi pénale. Notre article 29 n'est que la reproduction de l'article 83 du Code du 3 Brumaire an IV, qui organisait cette sorte de dénonciation inconnue dans le système de la loi du 16-29 septembre 1791. Les fonctionnaires visés par le texte ne sont pas, bien entendu, les agents de l'autorité judiciaire : c'est le propre de leurs fonctions de rechercher les crimes et les délits ; l'article 29 vise les fonctionnaires de tout ordre, dépositaires à un titre quelconque de l'autorité publique.

Remarquons que si la dénonciation des crimes et délits est ordonnée, il n'est pas fait mention des *contraventions* de police : c'est que ces contraventions sont fort nombreuses et que leur dénonciation eût astreint les autorités et fonctionnaires à une tâche absorbante et, au surplus, peu utile, puisque ces infractions ne produisent pas, la plupart du temps, un grand trouble dans l'ordre public. D'autre part, le Procureur de la République, qui, en règle générale, est chargé de recevoir les dénonciations, n'a pas la mission de poursuivre les contraventions : il n'y avait donc pas lieu de l'en informer.

DÉNONCIATION PRIVÉE. — En opposition avec le devoir des fonctionnaires, celui du particulier est beaucoup plus étroit. D'après l'article 30, rapporté ci-dessus, les particuliers ne sont tenus de dénoncer que les attentats contre *la sûreté publique, la vie ou la propriété des individus*, attentats dont ils auront été

témoins. Voilà la dénonciation privée ; le législateur
paraît lui avoir donné une limitation stricte : il ne se
contente plus d'une simple connaissance comme dans
l'hypothèse de la dénonciation officielle.

Mais, suffit-il qu'un particulier ait été témoin d'une
des infractions prévues, pour que ce particulier puisse
faire une dénonciation ? En d'autres termes, y a-t-il
des conditions de capacité pour être dénonciateur ?
Nous nous rappelons que, dans l'ancien droit français,
toutes les dénonciations n'étaient pas reçues : telles
celles des vagabonds, des gens sans aveu, des infâmes.
Notre loi n'admet plus ces incapacités : toute personne
pourra donc faire une dénonciation. C'est une règle
absolue (1) qui s'applique même aux cas où la dénonciation semble revêtir un caractère d'inconvenance ou
susciter quelque scandale. Du reste, nous verrons, en
étudiant la question de savoir quelle influence la dénonciation exerce sur l'action publique, que ce droit ouvert
à tous ne compromet pas la sécurité des citoyens ;
ceux-ci n'ont rien à craindre de l'inexpérience du
mineur, pas plus que des menaces de l'homme de
mauvaise foi ou de l'infâme. Les magistrats du ministère public ont dans la matière un rôle pondérateur et
directeur, et, grâce à eux, il y aura protection pour
tous. Comme disait Benjamin Constant : *Reprocher
aux lois d'établir la liberté de dénoncer me paraît*

(1) MASSABIAU, t. II, n° 1531 ; — Cass., 5 février 1857 ; — (SIREY, 57,
1re partie, p. 391).

absurde; c'est une liberté qu'on ne saurait interdire (1).

Mais quelle est la portée de cette obligation de dénoncer? Il ne faudrait pas croire que cette obligation des particuliers ait reçu une sanction positive. Assurément si c'est un devoir que l'intérêt public commande, s'il est nécessaire que *la haine rigoureuse du crime faase de chaque citoyen un adversaire direct de tout infracteur des lois sociales* (2), le législateur ne pouvait songer à transformer en autant de policiers tous les citoyens. La loi du 28 avril 1832 a même aboli les articles 103, 104, 105, 106, 107 et 136 du Code pénal qui punissait la non-révélation des crimes de fausse-monnaie et ceux dirigés contre l'Etat (3). *Sans doute,* disait le Garde des Sceaux, *c'est un devoir rigoureux pour tout citoyen qui sait qu'un crime se commet, ou a été commis, de donner au pouvoir, par de salutaires avertissements, le moyen de protéger les lois, la constitution du pays, des existences menacées; mais ce devoir, la conscience morale seule peut le faire remplir; la menace d'une pénalité n'y peut rien. Les peines contre la non-révélation ont toujours été repoussées par les mœurs publiques; elles sont évidemment sans efficacité. La non-révélation*

(1) *Commentaire sur Filangieri,* t. III, p. 342.

(2) *Instr.* du 29 septembre 1791 pour la Procédure criminelle.

(3) Comp. articles 108 et 138 du Code pénal. Notre loi récompense par l'impunité certains dénonciateurs, lorsque ces dénonciateurs ont commis eux-mêmes le méfait qu'ils signalent à l'autorité judiciaire.

appellera donc toujours sur le citoyen la plus grande responsabilité morale, mais elle cesse de figurer dans le Code pénal comme crime ou délit (1).

Au reste, même pour le fonctionnaire, il eût été rigoureux de sanctionner pénalement son silence devant l'infraction constatée. Son abstention n'entraînera qu'une peine disciplinaire infligée par le corps auquel il appartient. Il n'en serait plus de même si le fonctionnaire s'était fait payer son silence, car l'avis qu'il devait donner *entrait dans l'ordre de ses devoirs*; il commet dans ce cas une abstention répréhensible pénalement (2).

B. **De la Plainte.** — La Plainte, nous l'avons dit, n'est qu'une dénonciation particulière : la partie lésée, seule, peut rendre plainte. Nous avons vu que cette condition était nécessaire en droit romain pour poursuivre un délit privé, et aussi, dans notre ancien droit, pour avoir la qualité de plaignant. Dans notre législation actuelle, c'est aussi le préjudice éprouvé qui fonde l'action du plaignant : *Toute personne qui se prétendra lésée par un crime ou délit pourra en rendre plainte*, etc... article 63 Code Instr. cr.).

Les règles que nous avons rapportées ci-dessus pour les dénonciations s'appliquent aux plaintes. D'ailleurs

(1) Exposé des motifs du Code pénal revisé, Chambre des députés, séance du 30 août 1831.
(2) Article 177 du Code pénal.

nous aurons prochainement, en nous occupant de la constitution de partie civile, à revenir sur le caractère spécial de la lésion, la base même de la plainte, comme nous venons de le dire.

§. II. — Forme des Dénonciations et des Plaintes.

Le législateur n'a pas déterminé la forme extérieure des dénonciations et des plaintes. Sous l'ordonnance de 1670, la dénonciation simplement inscrite sur un registre, ne recevait aucune forme spéciale, au contraire de la plainte qui devait être rédigée sous forme de requête lorsqu'elle était présentée par la partie, ou sous forme de procès-verbal lorsqu'elle était reçue par le greffier en présence du juge. Actuellement aucune forme n'étant ordonnée, on devra les admettre toutes : une simple lettre suffira (1).

Les seules conditions qu'exigent la loi sont énumérées dans l'article 31 du Code d'Instruction criminelle, conditions communes aux dénonciations et aux plaintes, aux termes de l'article 65 du même Code. Ce que nous dirons des dénonciations s'appliquera donc aussi aux plaintes.

1° Les dénonciations et plaintes seront rédigées par les dénonciateurs et plaignants ou par leurs fondés de

____

(1) DALLOZ, *Répertoire*, V° *Plainte*; — MASSABIAU, *Manuel du Proc. du roi*, t. II, p. 201; — Contr: arrêt Bourges, 22 avril 1831, *Journal du Droit crim.*, t. III, p. 333.

procuration spéciale, ou par le procureur de la République s'il en est requis.

2° Elles seront signées à chaque feuillet par le procureur de la République et par les dénonciateurs ou leurs fondés de pouvoirs.

Ces dispositions très simples ne donnent pas lieu à discussion. Il importait d'aplanir toutes les difficultés de formes compliquées et solennelles pour obtenir des révélations précieuses à la bonne distribution de la justice. Notre article ne nous dit pas ce que doit contenir la dénonciation ou la plainte, mais il est de toute évidence qu'on doit y trouver les renseignements nécessaires pour éclairer les magistrats chargés de la poursuite. C'est ce que disait déjà l'art. 6 du titre III de l'Ordonnance de 1670. La dénonciation indiquera donc clairement le fait et les circonstances, le lieu et l'époque de l'infraction, les auteurs du fait délictueux, etc... Les dénonciations et plaintes qui n'auraient pour base que des allégations vagues et équivoques ne devraient recevoir aucune suite (1).

Toutes ces déclarations doivent être faites par le dénonciateur ou son fondé de pouvoirs. Remarquons que la procuration de ce fondé de pouvoirs doit être *spéciale* : toute procuration générale serait insuffisante quels qu'en fussent les termes.

Enfin la dénonciation doit être signée du dénoncia-

(1) V° art. 6 de la loi du 26 mai 1819.

teur, si celui-ci peut signer. Au reste, cette formalité n'est plus substantielle aujourd'hui, et si le dénonciateur refusait de signer, la dénonciation vaudrait néanmoins ; dans notre ancien droit et notre droit intermédiaire, un pareil refus entraînait la nullité de la dénonciation (1).

Quelles sont les autorités chargées de recevoir les dénonciations et les plaintes ? Dans notre ancien droit, les dénonciations étaient reçues par les procureurs du roi ou des seigneurs (2), et les plaintes par les juges, système fort logique puisque, dans le premier cas la poursuite se faisait au nom du ministère public, tandis que dans le second, le plaignant figurait comme partie principale. Notre Code d'Instruction criminelle semble s'être inspiré de cette distinction : c'est au chapitre où il détermine les fonctions du procureur de la République qu'il organise la dénonciation, et c'est aussi à propos des fonctions du juge d'instruction qu'il nous parle des plaintes, comme s'il confiait à ce magistrat le soin de les recevoir (articles 63 et 64). Quoi qu'il en soit, la Cour de Cassation et avec elle la majorité des auteurs n'admettent pas la nullité de la dénonciation ou de la plainte, pour cause d'incompétence des officiers qui les reçoivent, solution dans l'esprit du Code qui a voulu faciliter autant que possible le dépôt des

(1) Art. 8. tit. VI de la loi du 29 septembre 1791 et art. 93, Code du 3 Brumaire, an IV.

(2) Ordonnance de 1670, art. 6, tit. VI.

plaintes et dénonciations. Il faut donc décider qu'elles pourront être adressées indifféremment au procureur de la République et au juge d'instruction. Ajoutons que ces magistrats ne seront compétents qu'autant que le crime ou le délit aura été commis dans le ressort du tribunal près lequel ils exercent, ou qu'autant que le prévenu aura été trouvé dans ce ressort.

Les officiers de police, auxiliaires du procureur de la République, peuvent aussi recevoir les dénonciations ; ce sont : le juge de paix, les officiers de gendarmerie, les maires, adjoints, commissaires de police (art. 48 à 50).

Les magistrats saisis doivent dresser un procès-verbal à cet effet (1). Si le magistrat s'y refusait, le dénonciateur pourrait s'adresser au Procureur général, conformément à l'article 275 : *Le Procureur général reçoit les dénonciations et les plaintes qui lui sont adressées directement, soit par la cour impériale, soit par un fonctionnaire public, soit par un simple citoyen et il en tient registre. Il les transmet au procureur de la République.*

Pour être complet, disons en terminant ces rapides indications, que le dénonciateur, s'il est de mauvaise foi, s'expose aux peines édictées par le Code pénal pour dénonciation calomnieuse (art. 373 C. P.) En outre, l'article 358 du Code d'Instruction criminelle

____

(1) Carnot, t. 1, p. 227 ; — Legraverend, t. 1, p. 210.

autorise l'accusé acquitté en Cour d'assises à requérir le nom de ses dénonciateurs afin d'obtenir des dommages-intérêts.

Nous arrivons maintenant à l'étude de l'effet juridique de la dénonciation et de la plainte, qui est de provoquer la mise en mouvement de l'action publique.

§ III. — Effet des dénonciations et des plaintes, quant à l'action publique.

Les textes qui règlent la matière sont les articles 47, 64 et 70 du Code d'Instruction criminelle. Il importe de les examiner attentivement.

ART. 47. — *Hors les cas énoncés dans les articles 32 et 46 (flagrants délits), le procureur du roi instruit, soit par une dénonciation, soit par toute autre voie, qu'il a été commis dans son arrondissement un crime ou délit, ou qu'une personne qui en est prévenue se trouve dans son arrondissement, sera tenu de requérir le juge d'instruction qu'il en soit informé.*

ART. 64. — *Les plaintes qui auraient été adressées au procureur de la République seront par lui transmises au juge d'instruction avec son réquisitoire.*

ART. 70. — *Le juge d'instruction compétent pour connaître de la plainte en ordonnera la communication au procureur de la République pour être par lui requis ce qu'il appartiendra.*

Ces articles reconnaissent-ils au dénonciateur et au

plaignant le droit de mettre en mouvement l'action publique? Cette question depuis longtemps discutée n'a peut-être pas encore reçu une solution définitive. Il faut reconnaître du reste que les textes rapportés ci-dessus ne jettent pas sur le point qui nous occupe un jour bien vif. Si on les rapproche de ceux qui leur correspondent dans la législation intermédiaire, ils ne semblent guère avoir réformé ces derniers. Aujourd'hui le rôle du juge de paix de la législation de 1791 et du Code de brumaire an IV, est tenu par le procureur de la République et le juge d'instruction, mais à cela près ces trois législations paraissent conformes. Les textes actuels parlent *d'obligation : Le procureur sera tenu, les plaintes seront par lui transmises :* en faut-il conclure que le ministère public devra forcément agir, de même qu'autrefois le juge de paix était, devant une plainte ou une dénonciation signée, dans l'obligation d'instruire ?

L'affirmative a été soutenue par plusieurs auteurs éminents comme MM. Carnot, Legraverend, Bourguignon (1). Cependant nous ne croyons pas qu'il faille, à l'exemple de ces auteurs, tirer de la conformité des termes de ces législations une conformité dans les dispositions. Le Code d'Instruction criminelle n'a pas obéi aux principes directeurs des législations

(1) CARNOT, *de l'Inst. crim.*, t. I, p. 205, 303 et 306 ; — LEGRAVEREND, *Législat. crim.*, t. I, p. 7 ; — BOURGUIGNON, *Jurisprud. du Code crim.*, t. I, p. 166 ; — Cf. *Journal du Droit crim.* de 1833, t. V, p. 196.

qui l'ont précédé. Le ministère public actuel n'agit que quand il juge que l'intérêt de la société l'ordonne : *Les magistrats du ministère public ne doivent agir d'office, qu'après s'être assurés, par des renseignements recueillis avec soin, que les délits qui sont dénoncés intéressent véritablement la vindicte publique* (1). C'est ce qu'exprimait aussi le rapport fait au Corps législatif dans la séance du 17 novembre 1808, sur le premier livre du Code : *Nos lois modernes ont remis la poursuite des délits entre les mains des magistrats et l'accusation a pris le caractère d'impartialité de la loi dont ils étaient les organes* (2). Au surplus, les textes qu'on invoque sont eux-mêmes la meilleure preuve de la théorie que nous soutenons. Les lois de 1791 et de brumaire an IV ne se bornent pas à contraindre le juge de paix à instruire la plainte ou la dénonciation, elles organisaient encore pour la partie plaignante un recours contre le refus d'informer. Où sont, dans notre législation, les dispositions analogues ? De quels textes même, pourrait-on les déduire ? Notre ministère public ne doit à personne les motifs de son refus. Il n'a donc pas l'obligation d'agir puisque cette obligation serait dépourvue de sanction.

Cette théorie, tendant à reconnaître au dénonciateur et au plaignant le pouvoir de mettre en mouvement l'action publique, devait donc être abandonnée. Aujour-

(1) Circulaire Chancellerie, *Justice crim.*, 16 août 1842.
(2) Locré, t. XXV, p. 230.

d'hui on ne la soutient plus. Cependant elle vient d'être reprise tout récemment, sous une forme nouvelle, par M. Boullaire (1). Nous avons déjà eu l'occasion de remarquer que la théorie de la *dénonciation* a trouvé place dans notre Code au chapitre des *Procureurs du Roi*, celle de la plainte, au contraire, au chapitre du *Juge d'instruction*, qui, comme nous l'avons dit, est plus spécialement désigné pour recevoir les plaintes. Nous avons ajouté, du reste, que dans la pratique, les plaintes ou les dénonciations étaient adressées indifféremment au procureur de la République ou au juge d'instruction. Mais, se demande M. Boullaire, le juge d'instruction et le procureur de la République ont, dans notre système judiciaire, des caractères différents. Dès lors, ne doit-on pas reconnaître une portée différente aux plaintes et dénonciations suivant qu'elles seront déposées aux mains de l'un ou l'autre de ces magistrats ? M. Boullaire se déclare formellement pour l'affirmative. D'après lui, toute plainte déposée entre les mains du juge d'instruction saisit ce magistrat, c'est-à-dire met l'action publique en mouvement.

Point n'est besoin, pour en apporter la preuve, d'aller chercher dans notre ancien droit ou dans la législation intermédiaire les arguments nécessaires : il suffit d'examiner sérieusement les textes actuels (2). Sans doute le juge d'instruction devra se conformer à

(1) *Gazette des Tribunaux*, 1er février 1881.
(2) BOULLAIRE, *op. cit.*

4

l'article 70 du Code d'Instruction criminelle, c'est-à-dire communiquer la plainte au procureur de la République, mais cette communication n'exerce aucune influence sur le droit du juge d'instruction. Il pourra instruire sans réquisition du ministère public, aussi bien que sans ses conclusions conformes. En effet, aux termes de la loi, *le juge d'instruction compétent pour connaître la plainte, en ordonnera la communication au ministère public.* Or, si le juge d'instruction ordonne la communication, c'est qu'il est déjà saisi ; pour lui, communiquer la plainte au ministère public, c'est affirmer sa juridiction. Il est impossible de refuser à ce magistrat le droit d'informer, si la plainte lui paraît sérieuse, lors même qu'il n'y aurait pas de constitution de partie civile, cette constitution ne pouvant être regardée que comme une modalité de la plainte, tout au plus comme une condition pour que l'information devienne obligatoire.

Malgré l'habileté avec laquelle ce système est produit, nous croyons devoir nous en tenir au système que nous avons soutenu conformément à la doctrine de la majorité des auteurs (1). Les textes qu'on invoque dans les théories opposées ont une portée toute autre de celle qu'on leur donne. *Séparés de ce qui les précède,* dit M. Mangin, *isolés du système auquel ils*

____

(1) MASOIN, *Traité de l'Action publique,* t. I, n&#srsquo;os 16 et suiv. ; — FAUSTIN-HÉLIE, *Instr. crim.,* t. I. p. 603 et suiv. ; — ORTOLAN et Albert DESJARDINS, *Éléments de Droit pénal,* t. II, p. 497.

se rattachent, les articles 47 et 64 paraissent en effet imposer au ministère public l'obligation absolue de poursuivre sur toutes les dénonciations et plaintes qui lui sont adressées. A la vérité, leur but est bien différent. Lorsqu'ils furent discutés au Conseil d'État (1), les orateurs en présence, (Cambacérès, Defermon, Treilhard, Berlier), étaient loin de songer à fixer la situation du dénonciateur ou du plaignant dans ses rapports avec le ministère public. La question qu'on agitait était celle de savoir quelles seraient les attributions du ministère public au regard du juge d'instruction. Le projet du Code avait remis au procureur quelques-unes des fonctions du juge et l'on discutait ces dipositions. M. Treilhard en soutenait le principe, tandis que MM. Defermon et Cambacérès le combattaient, ces derniers considérant comme un danger de permettre à un seul magistrat : *De recevoir la plainte, d'entendre les témoins et disposer de la liberté de la personne inculpée* (2). Enfin, il fut décidé que, sauf en cas de flagrant délit, le procureur ne pourrait procéder que par voie de réquisition. Ce système donna lieu à une nouvelle rédaction des articles 47, 64 et 70 qui consacraient nettement la distinction des fonctions du ministère public et du juge d'instruction. On abandonnait ainsi le système de la législation intermédiaire, mais, à aucun moment

(1) Séances des 4, 7, 11 et 18 juin 1808.
(2) Locré, t. XXV, p. 552.

de la discussion, on ne se demanda si le ministère public serait mis dans l'obligation de suivre sur toutes les plaintes et dénonciations qui lui parviendraient.

En l'absence de textes, il faut alors, pour trancher la question, suivre l'idée du législateur qu'il a émise en une formule bien nette, au seuil même du monument qu'il élevait dans l'article 1er du Code d'Instruction criminelle : *L'action pour l'application des peines n'appartient qu'aux fonctionnaires auxquels elle est confiée par la loi.* La législation actuelle s'en remet sur le point qui nous occupe, à la sagesse des magistrats du ministère public.

C'est aussi la solution que la jurisprudence a consacrée définitivement, quoi qu'on dise, depuis un arrêt de cassation du 8 décembre 1826, réformant un arrêt de la Cour d'Agen, qui avait décidé que le Procureur du roi ne pouvait se dispenser de requérir une information sur les dénonciations à lui transmises. M. l'avocat général Mourre rappela à ce propos les principes (1) : *Le législateur n'a pu vouloir astreindre les officiers du ministère public à diriger des poursuites d'office et sans l'intervention des parties civiles, sur toutes les plaintes, même les plus légères et les plus insignifiantes, sur des plaintes qui n'intéressent pas directement l'ordre public et qui souvent n'ont d'autre but que de satisfaire les passions et les haines*

(1) Arrêt de Cassation du 8 décembre 1826. DEVILL. et CARETTE, t. VIII. p. 479.

particulières, des intérêts de vanité et d'amour-propre, ou de procurer aux dépens de l'État, et sans aucune espèce d'utilité pour l'ordre social, la réparation de quelques torts légers éprouvés par des particuliers.

Ce point est donc bien établi, et il est inutile de pousser plus loin la discussion : dans notre législation actuelle, la plainte et la dénonciation, en quelque main qu'elle soit déposée, — au procureur de la République ou au juge d'instruction, — n'ont pour effet que de provoquer la mise en mouvement de l'action publique, que d'inviter le ministère public à poursuivre. En aucun cas celui-ci n'est obligé de suivre, en notre hypothèse, sur les plaintes et dénonciations qui lui sont remises ou adressées. Si l'on veut voir, dans ces dispositions de notre loi criminelle, un reste de l'action populaire ancienne, il faut savoir reconnaître qu'elles n'en sont plus que l'ombre.

CHAPITRE II

CAS OÙ LES PARTICULIERS METTENT EN MOUVEMENT L'ACTION PUBLIQUE

Si le simple plaignant, comme le dénonciateur, ne peuvent mettre en mouvement l'action publique, il n'en est plus de même lorsqu'une personne se constitue partie civile. La partie civile ne se borne pas à signaler à l'autorité judiciaire compétente l'infraction à la loi pénale : elle soutient que l'infraction commise lui a été dommageable et elle demande à jouer un rôle dans la poursuite, en vertu de l'article 3 du Code d'instruction criminelle : *L'action civile peut être poursuivie en même temps et devant les mêmes juges que l'action publique.*

Disons donc que la constitution de la partie civile est l'acte par lequel la victime d'une infraction se porte demanderesse en dommages-intérêts devant la juridiction pénale.

SECTION PREMIÈRE

CONDITIONS DE LA RÉCEPTION DE CONSTITUTION DE PARTIE CIVILE

Il ressort de notre définition que, pour être reçue partie civile, toute personne doit justifier de trois conditions : 1° Le fait reproché doit être une infraction à la loi pénale ; 2° Cette infraction doit avoir causé un dommage ; 3° Enfin la partie civile doit avoir besoin d'une capacité spéciale.

1re Condition. — Il est manifeste tout d'abord que si le fait reproché ne constitue pas une infraction, la juridiction répressive est incompétente pour en connaître, puisque la partie civile n'agit qu'accessoirement à la partie publique. C'est ainsi, par exemple, que la Cour de Cassation a maintes fois jugé que dans le délit d'usure, — délit d'habitude, — la personne lésée par un prêt particulier n'est pas recevable à porter son action devant le tribunal correctionnel (1). Pour le même motif, si le prévenu n'est pas déclaré coupable, le tribunal de répression n'aura pas à statuer sur l'action civile. Cependant, quant à cette dernière solution, nous avons à faire une réserve : pour des considérations d'intérêt pratique, — discutées du reste,

(1) Cass., 23 mai 1858 (Sir., 59, 1, 116); — Cass., 8 juillet 1881 (Sir., 82, 1, 387); — Comp. Lo Savin, *De la Compétence*, t. II, n° 1167; — Bass. t. II, n° 1392; — Blanche, t. I, n° 263 : — *Petit Traité de l'Usure*, Paris, 1840, p. 106 et suiv.

mais que nous n'apprécierons pas ici, — l'article 366 du Code d'Instruction criminelle décide que les cours d'assises pourront et devront statuer sur les dommages-intérêts prétendus par la partie civile ou par l'accusé, en cas d'absolution comme en cas d'acquittement (1). Quoi qu'il en soit, le principe est incontestable : s'il n'y a pas infraction, la juridiction pénale ne se prononcera pas sur la réparation du fait dommageable.

Les tribunaux répressifs sont encore incompétents pour statuer sur les intérêts civils, si l'action publique est elle-même irrecevable, bien que le fait dommageable constitue une infraction. Il s'agit, par exemple, d'un vol entre parents ou alliés à un certain degré (art. 380 C. p.), ou bien l'action publique est éteinte par le décès du prévenu, la chose jugée ou une amnistie. Dans tous ces cas, la juridiction répressive ne pourra connaître de l'action civile. Il y aurait toutefois exception à cette règle dans l'hypothèse de l'article 202, § 2, du Code d'Instruction criminelle, c'est-à-dire dans le cas où la partie civile seule, forme, dans les délais, appel d'un jugement rendu en matière correctionnelle ou de police. Ce jugement, définitif quant à l'action publique, sera examiné par la juridiction d'appel quant aux intérêts civils.

(1) La loi du 29 juillet 1881, art. 68 sur la presse, décide, par exception à l'art. 366 : « qu'en cas d'acquittement, s'il y a partie civile en cause, la « Cour ne pourra statuer que sur les dommages-intérêts réclamés par le « prévenu. Ce dernier devra être renvoyé de la plainte sans dépens ni « dommages-intérêts au profit du plaignant ».

En cas d'amnistie, nous pouvons nous trouver aussi en face d'une situation assez spéciale; il se peut que l'amnistie n'intervienne qu'après l'introduction de l'action civile devant la juridiction répressive. L'amnistie anéantira-t-elle l'action civile comme l'action pénale ?

La jurisprudence nous répond par la négative, L'amnistie dans cette hypothèse, ne détruit donc pas l'action civile, malgré l'absence de caractère délictuel dans le fait retenu comme base de la demande en réparation (1). C'est la seconde exception à la règle que nous venons de poser.

2ᵉ Condition. — Le dommage éprouvé du fait de

l'infraction, et dont la partie civile doit justifier, ne peut être quelconque, soumis à l'arbitraire des goûts et de l'esprit de chacun. Notre législation criminelle ne contient aucune définition du dommage, mais cette notion du dommage est une de celles qui se conçoivent facilement : il faut nécessairement qu'il soit sérieux et appréciable, c'est-à-dire qu'il ait atteint la partie civile dans sa personne ou dans ses biens. Au reste, un intérêt moral suffirait. Est-il des blessures plus cruelles pour un homme d'honneur qu'une attaque dirigée contre sa réputation? La loi n'a exigé nulle part la

(1) Cour d'assises Haute-Loire, 25 mars 1895 : — V. la loi du 26 avril 1895 ; — Cass., 11 mai 1895 (Sir., 377, 1, 1895) ; — Cass., 24 mai 1895 : — Pandectes françaises, 1896, 1, 149.

nécessité d'un dommage pécuniaire. Sans doute, en cas de dommage moral, le juge se trouvera en présence d'une difficulté d'appréciation assez grande, mais cette difficulté ne saurait être une fin de non-recevoir contre l'action (1).

Ce point établi, il est intéressant de préciser le caractère du fait dommageable. L'article 63 du Code d'Instruction criminelle comme l'article 1er, § 2, exigent que le fait poursuivi ait atteint personnellement le plaignant. Ces textes, en effet, n'accordent l'action civile qu'à la personne qui se prétend lésée. C'est aussi ce qu'enseigne Merlin : *Pour dénoncer un crime à un officier public, il suffit d'en avoir connaissance, mais, pour s'en constituer l'accusateur, non seulement ce n'est assez de le connaître, il ne sert même de rien d'avoir à la punition un intérêt éloigné et indirect* (2). La jurisprudence nous fournit des espèces où l'appréciation à ce point de vue est assez délicate. Il est des cas où certaines personnes, bien qu'agissant pour d'autres, poursuivent un intérêt direct. Tels le père, le mari ou le tuteur qui demandent réparation, pour le fils, la femme ou le pupille : ces représentants agissent pour des personnes dont ils ont charge et auxquelles ils doivent protection. Par analogie, la loi

---

(1) Cass., 15 juin 1883, et conclusions du Procureur général Dupin ; — Comp. LAURENT, *Principes de Droit civil*, t. XX, n° 385 ; — Cass. Belge, 17 mars 1881 (Sir., 82, 1, 9).

(2) *Question de Droit, Question d'État*, § 1 ; — Comp. art. 31 de la loi du 20 juillet 1881.

du 29 juillet 1881, dans son article 47, autorise le chef ou le représentant d'un corps constitué à poursuivre la diffamation lancée contre le corps auquel il appartient. Que faudrait-il décider au sujet des maîtres par rapport à leurs domestiques et préposés? Nous croyons que le droit de poursuivre la réparation civile ne leur appartient pas si leurs intérêts propres n'ont pas été compromis en même temps que ceux de leurs domestiques (1). Nous refusons aussi ce droit aux personnes dont les proches ont été lésés : l'intérêt, dans ce cas, ne serait qu'indirect (2). La Cour de cassation a décidé aussi, dans un arrêt du 1er septembre 1832 (3), que les pharmaciens étaient recevables comme parties civiles contre des individus prévenus de vente de médicaments, sans être munis de diplôme. Au point de vue des principes, cet arrêt est peut-être sujet à critique ; comment invoquer ici un préjudice matériel et moral? La chance incertaine de vendre des médicaments ne devrait pouvoir donner lieu à une réparation.

Actuellement, et depuis la loi du 21 mars 1884 sur les syndicats professionnels, la question a pris une autre forme. Ces syndicats ayant *pour objet l'étude et la défense des intérêts économiques, industriels,*

(1) Cass. 26 Vendémiaire an XIII ; — Bourguignon, *Jur. des Codes crim.* art. 63 ; — Carnot, t. I, p. 19 ; — Mangin, t. I, p. 256 ; — Merlin, *Répertoire,* V° *Plainte,* § 3.

(2) Cependant, dans un ordre d'idées voisin, l'art. 727 C. civ. impose à l'héritier instruit du meurtre du défunt, l'obligation de dénoncer le crime à la justice.

(3) *Journal du Palais,* 1832, p. 1151.

commerciaux et et agricoles de personnes exerçant la même profession (art. 3, loi de 1884), il suffira qu'un de ces intérêts apparaisse pour que l'action civile soit légalement justifiée en principe. La Cour de Cassation décide spécialement à propos des pharmaciens que : *Un syndicat de pharmaciens est recevable à se porter partie civile lorsqu'une poursuite est intentée par le ministère public, contre un de ses membres, pour vente de substances médicamenteuses falsifiées et lorsque ce syndicat allègue que le prévenu a causé un dommage à ses confrères, par les faits délictueux à raison desquels il est poursuivi* (1).

M. Merlin ajoute que la partie plaignante doit avoir un droit actuel et existant à la réparation du délit. L'action dérive de la lésion, et si la lésion n'existe pas, comment estimer sa réparation : *Il ne suffit pas que le délit puisse un jour vous préjudicier pour que la justice reçoive votre plainte : il faut qu'il vous porte dès ce moment même un préjudice réel : il faut que dès aujourd'hui vous en ressentiez les funestes effets ; il faut, en un mot, que dans l'instant précis où vous en parlez, votre fortune, votre honneur, votre vie, en aient éprouvé les atteintes. Sans cela de quoi vous plaindriez-vous si ce n'est d'une vaine terreur ? Mais la justice n'est pas faite pour s'occuper de vos craintes, etc...*

(1) Cass., 5 janvier 1894 (Sir., 1895, 1, 382) ; — V. *Gazette du Palais,* 1892, 1, 182.

3ᵐᵉ Condition. — Enfin, pour se porter partie civile, il faut avoir la capacité d'ester en justice, quelle que soit la juridiction en présence. — Cette condition paraît d'autant plus nécessaire que la partie civile s'expose à des dangers, si elle succombe dans sa poursuite. Cette capacité existe-t-elle pour les femmes mariées, mineurs et interdits, les étrangers ?

a). Femmes mariées. — La femme mariée qui peut rendre plainte, comme nous l'avons vu, ne peut se porter partie civile sans l'autorisation préalable de son mari. C'est ce qui ressort de l'article 215 du Code civil, aux termes duquel la femme, pour ester en jugement, doit être autorisée, hors le cas, ajoute l'article 216, où elle est poursuivie en matière criminelle ou de police. Cette nécessité d'autorisation, dans le cas qui nous occupe, se comprend facilement, si l'on considère qu'une poursuite inconsidérée peut avoir les suites les plus fâcheuses. Il faut décider que les femmes séparées de biens, comme celles qui sont marchandes publiques, sont soumises à cette obligation : la loi ne distingue pas. Nous n'insisterons pas sur ce point, absolument établi en doctrine et jurisprudence, après l'arrêt de Cassation du 30 juin 1808 (1).

b). Mineurs et Interdits. — Nous savons que, dans le droit romain, l'incapacité du mineur, à ce point de vue, était complète : ils ne pouvaient poursuivre sans

____

(1) Cass. 30 juin 1808 (*Bull.* nº 138, p. 209).

leur tuteur la réparation d'une offense, même en face du meurtrier de leur père (1). Notre ancien droit avait pris le contre-pied de cette théorie (2) ; cependant, dans l'usage, on faisait intervenir le consentement du père.

Aujourd'hui, les articles 389 et 450 du Code civil décident que les mineurs seront représentés par leur père ou leur tuteur dans toutes les actions civiles, sauf le cas d'émancipation, aux termes des articles 476, 481 et 482 du même Code.

Les interdits sont assimilés aux mineurs.

Remarquons enfin que la même incapacité existe pour les condamnés aux peines afflictives et infamantes puisque, pendant la durée de leur peine, ces condamnés se trouvent en état d'interdiction légale. Ils pourront se plaindre, mais non se constituer partie civile.

c). *Les étrangers.* — Les étrangers pourront se plaindre et se porter parties civiles, mais à la condition de fournir la caution *judicatum solvi*. Cette règle est très ancienne. Rousseaud de Lacombe enseignait déjà que : *Lorsque un étranger rend plainte et se porte partie civile, l'accusé est en droit de demander qu'il soit tenu de donner caution « judicatum solvi », dès l'instant de la plainte (3).*

(1) L. 2, *Dig., De Acc.* ; — L. 2, C. *Qui leg. pers. in jud.*
(2) *Cout. de Berri,* tit. 1, art. 2 ; — du *Bourbonnais,* art. 169 ; — de la *Marche,* art. 344.
(3) *Matières crim.,* p. 164.

Les arrêts de la tournelle criminelle du Parlement de Paris des 10 février et 25 mai 1742 consacraient ce principe. Au surplus, tous les anciens auteurs partageaient cet avis (1). Serpillon en donne le motif : *On oblige les étrangers à donner caution, parce que, avec eux, il n'y a aucune sûreté, ni dans leurs biens, ni dans leur personne, pour le recouvrement des adjudications que l'on pourrait obtenir contre eux* (2).

Au reste, cette condition n'est exigée que de l'étranger demandeur et non pas du défendeur : *Actor voluntarie agit, reus autem ex necessitate se defendit* (3).

Notre législation a adopté cette règle sans aucune modification dans les articles 16 du Code civil et 166 et 167 du Code de procédure, dispositions qui s'appliquent, à n'en pas douter, aux matières criminelles. La Cour de cassation l'a reconnu dans les termes les plus formels, en cassant un arrêt de la Cour de Paris, qui avait établi une distinction à cet égard : *L'art. 16 du Code civil embrasse toutes les matières et en exceptant de sa disposition celles de commerce (4), n'a fait que confirmer la règle générale établie à l'égard des autres ; qu'en cela cet article n'a fait*

(1) JOUSSE, *Traité des Instr. crim.*, t. III, p. 91 ; — FAUSTÉUS, *Institutes*, liv. IV, tit. II, § 2.
(2) *Code crim.*, t. I, p. 393.
(3) BACQUET, *Traité du droit d'aubaine*, chap. 16, n° 3.
(4) La loi du 5 mars 1895 a rendu applicables en matière commerciale les règles du droit civil.

qu'ériger en loi la jurisprudence des anciennes cours et tribunaux attestée par tous les auteurs et qui, pour la « caution judicatum solvi », ne faisait aucune distinction entre les affaires civiles et les criminelles lorsqu'elles étaient poursuivies par les parties civiles (1).

Du reste, la loi du 5 mars 1895 est venue imposer la caution en toutes matières, faisant ainsi disparaître l'exception des matières commerciales.

Mais le plaignant étranger est-il tenu à caution si le prévenu est lui-même étranger ? Notre ancien droit consacrait l'affirmative (2), et Serpillon nous dit : *La raison est que ces étrangers n'auraient pas plus de moyens de se faire payer et d'exercer des contraintes l'un contre l'autre qu'un Français qui aurait obtenu des adjudications contre eux (3).*

La solution de la question n'est pas aussi nette dans notre droit actuel. Fidèles à la tradition ancienne, Merlin (4), Legraverend (5), Carnot (6), Bourguignon (7), admettent que dans notre hypothèse la caution est toujours due. En effet, dit-on, si la garantie de la caution n'existait pas, le prévenu reconnu inno-

---

1) Cass. 3 février 1814 (*Bull.* n° 12, p. 24); — Comp. 12 janvier 1816 (*Gaz. des Trib.* du 13).

(2) Arrêt du Parlement de Paris du 10 février 1742.

(3) *Code crim.*, t. 1, p. 333.

(4) *Répertoire*, V° *Caution*, § 1.

(5) *Législat. crim.*, t. 1, p. 208.

(6) *De l'Instr. crim.*, t. 1, p. 305.

(7) *Jurisprud. des Codes crim.*, t. 1, p. 175.

cent ne pourrait obtenir l'exécution du jugement, ni en France, où son adversaire lui échapperait, ni en pays étranger, où les jugements des tribunaux français sont sans effet. Et, continue-t-on, ne serait-ce pas contraire à la dignité de la justice française d'intervenir dans un débat pour rendre un jugement sans puissance (1)? D'un autre côté, on a soutenu que la garantie de la caution a un caractère absolument privé, que c'est une institution de droit civil dont le bénéfice appartient exclusivement aux Français ou aux étrangers admis à l'exercice des droits civils. C'est dans ce sens que la Cour de Cassation s'est prononcée, en 1842, dans un arrêt célèbre portant que : *La caution « judicatum solvi » est un privilège de nationalité appartenant exclusivement aux Français et aux étrangers admis à l'exercice des droits civils: cette précaution de la loi en faveur de celle des deux parties exposée, ne saurait être étendue au cas où deux étrangers plaidant entre eux se trouvent placés dans des conditions semblables vis-à-vis l'un de l'autre: appliquer à ce cas l'article 16 du Code civil, ce serait au lieu de compenser, comme l'a voulu cet article, l'inégalité des positions existantes entre le défendeur et le demandeur, créer au profit du premier*

---

(1) Voyez aussi dans ce sens MALLEVILLE, *Analyse rais.*, t. I, p. 33 ; — BONCENNE, *Th. de la Proc.*, t. III, p. 185 : — DEMANGEAT, *De la condition civile des étrangers.* p. 399.

une inégalité qui n'existe pas, en lui attribuant une sûreté qu'il ne présente pas lui-même (1).

Quant à nous, nous nous rallions, malgré la jurisprudence de la Cour de Cassation, à la première doctrine. Il nous semble, en effet, qu'il n'est pas possible de dire que les parties soient, dans notre hypothèse, sur la même ligne. Le défendeur peut être emprisonné ou seulement en liberté provisoire ; la garantie du demandeur est donc presque complète ; le prévenu doit avoir, lui aussi, des garanties contre une poursuite téméraire. Pourquoi, par cela seul qu'il est étranger, resterait-il exposé à toutes les conséquences d'une plainte calomnieuse de la part d'une partie civile contre laquelle il n'aurait aucun recours ?

D'une façon générale, nous croyons que la caution sera toujours due.

SECTION II

DES DIFFÉRENTS MOYENS DE CONSTITUTION DE PARTIE CIVILE.

Nous avons dit qu'il y a constitution de partie civile quand la victime de l'infraction se porte demanderesse en dommages-intérêts.

(1) Arrêt de Cassation du 15 avril 1840 ; — Sic : Pigeau, *Proc. civile*, t. 1, p. 150 ; — Dehansy, t. 1, n° 106 ; — *Arr. Orléans*, 20 juin 1828, (Sir. 28, 2, 193).

Remarquons toutefois que la victime d'une infraction peut obtenir la réparation d'un dommage, sans pour cela se constituer partie civile. C'est le cas de la demande en restitution. Cette distinction n'est pas nouvelle; elle était déjà faite dans notre ancien droit: *Lorsqu'il ne s'agit que de revendiquer des effets volés, il n'est pas besoin de se porter partie civile, il suffit que le juge voie par le procès criminel que les choses volées appartenaient à une telle personne pour qu'il doive ordonner d'office que ces objets lui soient rendus* (1). Cette disposition a été reproduite par l'article 366 du Code d'Instruction criminelle, aux termes duquel : *Dans le cas d'absolution comme dans celui d'acquittement ou de condamnation, la Cour statuera sur les dommages-intérêts prétendus par la partie civile ou par l'accusé. — § 2. La Cour ordonnera aussi que les effets pris seront restitués au propriétaire.* La comparaison de ces deux paragraphes établit d'une façon certaine que le propriétaire des objets pris peut en obtenir la restitution sans prendre la qualité de partie civile (2). La jurisprudence allant encore plus loin, décide que la restitution peut être ordonnée lorsque le propriétaire n'est pas présent et ne réclame pas (3). Cette exception se comprend faci-

(1) JOUSSE, t. III, p. 74.

(2) Cp. MERLIN, *Répertoire* V° *Partie civile*, n° 7; — BERNARDESOS, *Manuel sur l'art.* 66; — Cass., 13 mai 1813.

(3) Cass., 21 fév. 1852, S., 52, 1, 580; — Cp. Cass., 5 fév. 1858, S., 58, 1. 533; — 16 août 1872, S., 73. 1. 144.

lement. Les restitutions dont s'occupe le législateur ont généralement pour cause un droit de propriété ou de possession : c'est un objet mobilier qui a été volé ou détourné, et alors, l'objet étant parfaitement reconnaissable, il est naturel qu'il soit restitué à la victime sans que celle-ci n'ait à faire d'autre preuve que celle de son droit de propriété.

Ce cas spécial écarté, la constitution de partie civile peut intervenir sous trois formes : 1° Forme de l'intervention au cours de l'action publique ; 2° forme de la plainte avec constitution de partie civile ; 3° forme de la citation directe.

§ Ier. — Intervention au cours des débats.

Cette première forme ne nous arrêtera pas longtemps : elle n'a pour nous qu'une portée secondaire, puisqu'elle n'a pas d'influence sur l'action publique déjà engagée. Le siège de la matière est dans les articles 66 et suiv. du Code d'Instruction criminelle, qui décident que la constitution de partie civile pourra être faite en tout état de cause, et jusqu'à la clôture des débats ; c'est-à-dire soit devant la Chambre des mises en accusation, soit devant les juridictions du jugement.

Mais que faut-il entendre par les expressions, « jusqu'à la clôture des débats ? ». Aucune difficulté n'existe en matière de simple police et en matière correctionnelle. Devant ces juridictions les débats ne sont clos qu'au moment de la prononciation du jugement.

Quand il s'agit d'un débat au grand criminel les textes paraissent se contredire. L'article 67 ordonne d'une part que *les plaignants pourront se porter partie civile jusqu'à la clôture des débats*, tandis que l'article 359, § 2 du même Code, au titre II *Des affaires qui doivent être soumises au jury*, s'exprime ainsi : *La partie civile est tenue de former sa demande en dommages-intérêts « avant le jugement » ; plus tard elle sera non recevable*. Or, aux termes de l'art. 335 du Code d'Instruction criminelle, la clôture des débats est fixée aussitôt après les plaidoiries, au moment où les jurés se retirent pour délibérer sur les questions qu'ils ont à résoudre.

Avant l'arrêt de la Cour, diverses formalités et opérations judiciaires devront être effectuées. Le jury notamment aura à prononcer sa déclaration en audience publique, et ce n'est qu'après cette déclaration que l'accusé sera introduit à l'audience, et qu'il sera ensuite statué par la Cour en conséquence du verdict.

La partie lésée pourra-t-elle, par application de l'art. 359, § 2, prendre qualité de partie civile après la déclaration du jury et avant l'arrêt de la Cour ? Au contraire, devra-t-elle le faire avant la déclaration de clôture prononcée par le président (art. 335) ? C'est cette dernière opinion qui a prévalu (1). On décide

(1) Le Sellyer, *op. cit.*, t. I, n° 206 ; — Faustin-Hélie, t. VIII, n° 3536, etc. ; — Cass. cr., 26 déc. 1861, D. P., 62, 5, 10) ; — Cass. cr., 4 août 1881 (*Bull. crim.*, n° 189).

qu'une constitution de partie civile, après la déclaration
du jury ne peut saisir la Cour d'assises : c'est l'art. 67
qu'il faut ici appliquer. Il ne contredit pas du reste
l'art. 359. En effet ce dernier texte permet à la partie
civile *de former sa demande en dommages-intérêts,
jusqu'au payement*, ce qui implique la prise de qualité de partie civile au cours des débats, sans avoir
conclu à ce moment à des dommages-intérêts. Conclure
à des dommages-intérêts est une opération distincte de
celle qui consiste à passer la déclaration de partie
civile. Elles se confondent très souvent mais rien ne
s'oppose à ce qu'elles soient séparées. Celui donc qui
aura pris qualité de partie civile au cours des débats
(art. 67), pourra conclure à des dommages-intérêts,
même après la déclaration du jury, jusqu'*au jugement* (art. 359).

Il est à peine besoin de remarquer que devant les
juridictions d'appel, une partie civile ne pourra intervenir que si elle avait déjà cette qualité devant la
juridiction du premier degré : le prévenu, en effet, a
droit à deux degrés de juridiction vis-à-vis de la partie
civile comme vis-à-vis de la partie publique.

Pour intervenir valablement au cours des débats, la
partie civile aura-t-elle à remplir certaines formalités ?
Devra-t-elle, préalablement, justifier de la qualité de
plaignant ? On l'a soutenu, en invoquant l'art. 67 du
Code d'Instruction criminelle qui s'exprime ainsi :
Les plaignants pourront se porter partie civile en

tout état de cause. Ce texte, a-t-on dit, ne suppose-t-il pas que la partie civile ne doive tout d'abord avoir la qualité de plaignant ? Cette interprétation n'a pas prévalu en jurisprudence. Un arrêt ancien de cassation déclarait déjà (1) : *La faculté qui est accordée à la partie lésée n'est limitée que par les art. 67 et 359 qui ne permettent pas de se rendre partie civile après la clôture des débats, ni de former la demande en dommages-intérêts après le jugement : mais aucune loi n'a dit que, pour être admis à se porter partie civile, il faut avoir pris précédemment la qualité de partie plaignante.*

Concluons donc qu'il suffira, pour satisfaire à la loi, dans notre hypothèse, d'intervenir par acte de conclusion quelconque près de la juridiction compétente.

Si cette intervention n'est l'objet d'aucune contestation de la part de l'accusé, le président de la Cour en donnera acte ; l'accusé sera suffisamment averti par ce fait seul (2).

Si l'intervention est contestée, il est nécessaire qu'il y ait arrêt de la Cour, car elle seule peut statuer sur un incident contentieux.

La partie civile peut-elle, intervenant au cours des débats, ester devant la juridiction pénale sans être munie d'une autorisation, quand elle n'est pas maîtresse de ses droits civils, à la différence de ce qui a

(1) Cass., 16 oct. 1812.
(2) Cass., 7 avril 1854 (*Bull.*, n° 90).

lieu dans les autres cas ? On a soutenu l'affirmative. Tout au moins, dit-on, ce défaut d'autorisation ne pourrait lui être opposé par l'accusé, puisque, aux termes de l'art. 225 du Code civil, la nullité pour défaut d'autorisation ne peut être opposée que par la femme, le mari ou les héritiers (1). De même, la partie civile ne sera pas tenue, dans ce système, d'appeler en cause le tuteur ou le curateur de l'accusé mineur, ou le syndic de la faillite du banqueroutier frauduleux. C'est ce qu'a déclaré dans les termes les plus formels un arrêt de Cassation du 9 mai 1845, où nous lisons que les garanties ordinaires pour ces personnes seront remplacées *par la solennité de l'instruction et l'accomplissement de formalités établies pour l'intérêt de la défense.*

Nous ne croyons pas que ces solutions soient inspirées par les principes du droit. L'absence de capacité ne peut être couverte par des formes spéciales, si solennelles qu'elles soient ; en particulier l'accusé peut avoir grand intérêt à exiger que son adversaire jouisse de la capacité d'ester en justice. Nous croyons nécessaire d'exiger, quelle que soit la juridiction et la forme de constitution de partie civile, la condition que nous avons posée.

§ II. — Plainte avec constitution de partie civile.

La loi n'a prescrit aucune forme spéciale pour la

____

(1) Cass., 28 septembre 1838 (*Bull.* nº 323).

plainte accompagnée de constitution de partie civile ; cette plainte ne différera donc des autres qu'en ce qu'elle mentionnera ce point particulier. Elle pourra être déposée entre les mains du procureur de la République aussi bien que dans celle du juge d'instruction tant qu'une information n'est pas ouverte. Si le juge avait été saisi de l'action publique par un réquisitoire introductif, c'est à lui que la déclaration devrait être forcément adressée. C'est la solution qui ressort de la combinaison des articles 64 et 66.

Cependant le plaignant partie civile va jouer un rôle au procès pénal, et on comprend que les droits et obligations qui vont en résulter exigent une base certaine et régulière. Le juge d'instruction ou le ministère public saisis d'une plainte de cette sorte ne devront la considérer comme telle que si elle remplit certaines conditions, faciles à remplir, mais nécessaires pour l'édification de la demande.

Il faudra tout d'abord qu'elle soit faite en termes formels (art. 66 du Code d'Instr. crim.). La loi du 3 septembre 1791 et le Code du 3 Brumaire an IV contenaient une disposition contraire : le simple plaignant était de plein droit réputé partie civile, hors le cas de désistement dans les vingt-quatre heures qui suivaient la plainte. Le législateur de 1808 est revenu à la règle de l'Ordonnance de 1670 (1), avec juste raison ; il importe que le plaignant reste en dehors du

____
(1) Ordonnance de 1670, art. 5, tit. III.

procès s'il n'a pas manifesté l'intention certaine d'y jouer un rôle. C'est ainsi que l'ordonnance du juge d'instruction, dans laquelle le plaignant serait désigné comme partie civile, ne pourrait à elle seule lui donner cette qualité, à défaut de déclaration de la part du plaignant.

A cette condition, l'article 68 ajoute que la partie civile devra faire élection de domicile dans le lieu où siège le Tribunal où se fait l'instruction, si elle ne demeure pas dans l'arrondissement cette élection de domicile peut être faite, par exemple, par acte de constitution d'avoué.

Le défaut d'élection de domicile a-t-il certaines conséquences pour la partie civile ?

Un point qui ne fait pas de doute, c'est que cette omission ne fait pas perdre à la partie civile la qualité qu'elle a prise ; cependant, aux termes de l'art. 68, § 2, elle ne pourra dans cette condition opposer le défaut de signification contre les actes qui auraient dû lui être signifiés aux termes de la loi ».

Spécialement, il a été décidé que, faute d'élection de domicile, la citation à personne délivrée dans la ville siège du tribunal, équivaut à la citation au domicile élu, sans qu'il y ait lieu de se préoccuper du délai relatif aux distances de son propre domicile (1).

La partie civile doit, en matière correctionnelle et

____

(1) Faustin-Hélie, t. IV, n° 1735 ; — Crim. req., 13 juillet 1872 (Dalloz, 1872, 1, 333).

de police, consigner avant toute poursuite, au greffe ou chez le receveur de l'enregistrement, la somme présumée nécessaire pour les frais de procédure : c'est le juge d'instruction qui la détermine (1). Si le plaignant est indigent, il sera dispensé de la consignation (2), en fournissant : 1° un extrait du rôle des contributions constatant qu'il paie moins de six francs, ou un certificat de non imposition ; 2° un certificat d'indigence délivré par le maire de son domicile.

§ III. — Citation directe.

La citation directe est l'acte authentique par lequel une partie civile appelle à se présenter devant le tribunal correctionnel ou de simple police, une personne à laquelle elle demande réparation d'un préjudice dont elle se prétend victime.

Par le fait seul d'user de la citation directe, il y a constitution de partie civile.

Aux termes de l'article 183 du Code d'Instruction criminelle, la partie civile fera dans l'acte de citation : *élection de domicile dans la ville où siège le tribunal, la citation énumérera les faits et tiendra lieu de plainte.* On est d'accord pour reconnaître que cette citation doit contenir :

1° Indication des jour, mois et an ;

(1) Cass., 13 mai 1824.
(2) Décret du 18 juin 1811.

2° Noms et prénoms du requérant ;

3° Immatricule de l'huissier ;

4° Indication du tribunal qui doit statuer et de la date fixée pour la comparution ;

5° Noms, prénoms, âge, profession, domicile du prévenu et énonciation de sa qualité de détenu ou de non détenu ;

6° Mention de la personne à laquelle copie de l'exploit est laissée.

La citation aux personnes civilement responsables devra contenir les mêmes indications, il faudra en outre ajouter la qualité d'où résulte la responsabilité civile.

Quels sont les tribunaux devant lesquels la partie civile peut user de la citation directe ? L'article 145 autorise la citation directe devant le tribunal de simple police et l'article 182 donne la même décision pour le tribunal correctionnel. La partie civile n'a pas reçu le même droit devant la Cour d'assises ; on comprend d'ailleurs que, pour cette juridiction, le législateur ait exigé une instruction complète ; la chambre des mises en accusation pourra seule saisir la Cour d'assises. Cependant, en matière de presse, l'article 47 de la loi du 29 juillet 1881, donne à la partie lésée le droit de citation directe devant la Cour d'assises, lorsque cette partie civile aura, sur simple requête, fait fixer par le président le jour et l'heure de la comparution. C'est qu'il s'agit ici de diffamation envers les fonctionnaires publics, ou d'injures à leur adresse, toutes infractions qui, sauf la juridiction devant laquelle la poursuite est portée, ont le caractère de délit.

Enfin, pour terminer, notons que le décret de 1811 qui impose à la partie civile agissant par plainte l'obligation de consigner les frais de la procédure, ne vise pas le cas de citation directe. Faut-il dire que par analogie cette disposition doit aussi être appliquée en notre hypothèse ? La Cour de cassation a longtemps varié sur ce point. D'abord elle décida, par arrêt du 14 juillet 1831, que l'article 100 du décret de 1811 s'appliquait au cas où la partie civile poursuivrait directement (1). Elle revint bientôt à la doctrine contraire par arrêt du 4 mai 1833 rendu chambres réunies (2); la jurisprudence récente maintient unanimement (3) cette solution, la seule logique en effet, puisque, dans notre hypothèse, la partie civile prend l'initiative de la poursuite et fait elle-même, par conséquent, ces déboursés.

———

SECTION III

EFFETS DE LA CONSTITUTION DE PARTIE CIVILE SUR L'ACTION PUBLIQUE

Nous touchons ici à la question la plus importante

(1) Sir., 1831, I, 431.
(2) Sir., 1833, I, 433.
(3) Grenoble, 13 février 1884 (*Journal du droit criminel*, art. 11107); — Lyon, 27 janvier 1885 (*Gaz. des Tribunaux* du 15 février).

de la matière et peut-être la plus discutée. Les motifs que nous avons donnés pour armer le ministère public d'un pouvoir discrétionnaire quand il ne s'agit que de dénonciation et de plainte, ne valent plus rien en présence d'une constitution de partie civile. Doit-on supposer, en effet, que la partie civile obéit à un esprit de tracasserie ou de vanité lorsqu'elle prend la preuve à sa charge, et qu'elle s'expose aux frais ? Il paraît donc raisonnable *a priori* d'admettre qu'à cette position nouvelle correspond aussi, quand à l'action publique, une conséquence différente : nous verrons tout à l'heure que cette solution est celle qu'il faut admettre ; la constitution de partie civile met nécessairement en mouvement l'action publique, et ceci résulte de l'article 3 du Code d'Instruction criminelle. La partie civile ne pourrait pas, d'une façon générale, porter son action devant la juridiction criminelle si elle n'avait pas le droit de saisir cette juridiction.

Nous ne prétendons pas, du reste, que, dans notre hypothèse, la partie civile ait une influence directrice dans le procès pénal : si nous lui reconnaissons un rôle important, nous nous gardons bien de diminuer celui du ministère public. A ce dernier revient la charge d'exercer, à proprement parler, l'action publique, c'est-à-dire la charge de requérir l'application de la peine ; mais la partie civile aura le pouvoir de saisir les juridictions d'instruction ou de jugement suivant la voie qu'elle suit dans sa constitution. Nous allons maintenant le démontrer en étudiant successivement le cas de la plainte et celui de la citation directe dans deux paragraphes distincts.

§ 1er. — Effet de la constitution de partie civile par le moyen de la plainte.

Le juge d'instruction qui reçoit une plainte avec constitution de partie civile doit ouvrir une information. Il communiquera préalablement, suivant l'art. 61 du Code d'Instruction criminelle, la plainte au Procureur de la République qui donnera ses réquisitions, mais quelle que soit leur tendance, le juge devra statuer. A l'appui de cette doctrine, nous invoquons la majorité des auteurs, tels que MM. Faustin-Hélie, Ortolan, Haus, Garraud (1), et d'autres encore que nous aurons à citer dans le cours de la discussion.

Dans le camp adverse, se présente en première ligne M. Mangin (2). D'après cet auteur, le juge d'instruction ne pourra ouvrir une information sans réquisition conforme du ministère public. Pour établir cette affirmation, on se fonde sur un arrêt ancien de la Cour de cassation et sur une délibération du Conseil d'État. On

(1) Faustin-Hélie, t. I, n°s 610 et suiv.; — Ortolan, t. II, n° 2101; — Haus, t. II, n° 1142; — Garraud, *Précis de Droit criminel*, 3e édition, n° 403 et note; — Dans le même sens: Bourbeau, *Gazette des Tribunaux*, 1er février 1881; — Alb. Desjardins, *Revue critique*, 1881, p. 192; — Sir., 1882, 3, 58, note 3; — Bordeaux, 22 décembre 1881 (Sir., 82, 3, 57).

(2) Mangin, *Traité de l'action publique et civile*; — Sic Villey, 3e édit., p. 307; — Nîmes, 6 novembre 1882 (Sir., 1883, 2, 70).

invoque enfin des principes de droit. Ces arguments ne nous suffisent pas.

Sans nous étendre longuement sur l'arrêt de Cassation rappelé et qui porte la date du 10 Messidor an XII, retenons, abstraction faite de l'espèce visée, les déclarations de la Cour suprême à cette occasion : *Attendu que des articles 15 et suivants de la loi du 7 Pluviôse, an IX il suit que la partie privée n'a pas l'exercice de l'action criminelle ; qu'elle peut seulement provoquer et exciter l'exercice de cette action dans les mains du ministère public ; que l'effet de ce droit de provocation est même soumis à la discrétion et à la volonté de cet agent de l'autorité qui peut seul réclamer devant le tribunal de première instance et par appel devant les Cours supérieures contre le refus du Directeur du jury de poursuivre et d'instruire criminellement sur l'action criminelle intentée par le ministère public.* M. Mangin voit dans cet arrêt une grave objection contre les droits des parties civiles. Pour démontrer le contraire, nous pourrions tout d'abord opposer un autre arrêt du 3 décembre 1826 où la Cour de Cassation déclare formellement que l'intervention des parties civiles donne à la poursuite une impulsion nécessaire et modifie par conséquent les droits du ministère public (1). Il resterait donc à choisir entre ces deux arrêts, encore que le dernier puisse paraître à bon

(1) Cassation, 8 décembre 1826 (Dev. et Carr., t. VIII, p. 479).

droit avoir une autorité supérieure à l'autre, car la législation actuelle n'a pas forcément adopté toutes les dispositions du droit intermédiaire.

Mais, à bien lire l'arrêt de Messidor an XII, l'on voit qu'il est étranger à la question que nous agitons. Il se borne à décider que l'action publique n'est exercée que par les magistrats du ministère public ; c'est là le fonds même de la solution recherchée à ce moment par la Cour suprême, et il n'est parlé qu'incidemment du droit de provocation des particuliers. Du reste, nous le répétons, cet arrêt appartient à la période intermédiaire de notre droit criminel et on ne saurait lui donner qu'une importance historique.

La seconde objection n'a pas, à notre avis, une portée plus grande. Le Conseil d'État, dans sa séance du 7 Vendémiaire an XIII, agitait la question de savoir quels devaient être les droits de l'accusé absous à l'égard de ses dénonciateurs, et M. Cambacérès déclara *qu'il ne fallait pas donner à l'accusé absous le droit indéfini de poursuivre son dénonciateur, mais seulement autoriser la Cour criminelle à le lui permettre ; que cette limitation était d'autant plus juste que ce n'était ni le dénonciateur, ni la partie civile qui donnait le mouvement.* M. Cambacérès ajoutait encore : *Comment punir le particulier qui dénonce une erreur que l'autorité publique a partagée avec lui ?* Nous ne voyons dans ces déclarations aucun argument contre la thèse que nous soutenons ; ces paroles ont été prononcées au cours de la discussion d'un projet dont les bases étaient encore incertaines et qui fut même abandonné le 20 Frimaire an XIII (1) ; en tout cas, elles n'ont trait qu'aux dommages-intérêts qui peuvent être dûs par la partie civile et nullement au droit de poursuite qui peut lui appartenir.

Si l'on se reporte aux travaux préparatoires, alors qu'aux discussions infructueuses et confuses de l'an XIII avaient succédé des délibérations utiles et nettes, l'on voit que M. Cambacérès prononça les paroles suivantes : *Lorsqu'un offensé se plaint, lorsqu'il se porte partie civile, il ne faut pas que le Procureur Impérial puisse le paralyser par un refus de poursuivre. La justice veut que, dans ce cas, on permette à la partie plaignante de recourir au juge instructeur* (2). Ne trouvons-nous pas là la confirmation éclatante de notre doctrine : le droit des parties civiles de mettre en mouvement l'action publique sans l'intervention du ministère public.

Ce pouvoir reconnu à la partie civile est d'ailleurs parfaitement conforme à l'esprit général du Code. En posant dans son article 1er ce principe que l'action publique est exclusivement réservée au ministère public, on a voulu rompre avec le système des législations antérieures, et nous en avons dit les motifs. Mais c'est seulement l'exercice de cette action qui a été retiré

(1) Locré, t. XXIV, p. 675.
(2) Locré, t. XXV, p. 147.

aux particuliers pour être remis aux mains du pouvoir exécutif ; on n'a jamais entendu aller plus loin. Nous reconnaissons bien, au surplus, que l'article 1er du Code d'Instruction criminelle, par sa rédaction ambiguë, pourrait induire en erreur des esprits trop enclins à en poursuivre la lettre, mais il faut savoir combiner cet article avec d'autres textes qui, eux, nous apportent la solution cherchée. Et, en effet, s'il est vrai que l'article 70 exige que la plainte de la partie civile soit communiquée au procureur de la République, où voyons-nous que le juge d'instruction doive nécessairement se soumettre aux conclusions qui lui sont adressées par le ministère public ? Que signifieraient alors ces mots des articles 128, 129 et 133 du Code d'Instruction criminelle : *Si le juge d'instruction est d'avis*, ou bien : *Si le juge d'instruction estime ?* Ils n'auraient pas de sens si l'on voulait décider que le magistrat qui prononce est lié par celui qui requiert. D'ailleurs, quand le législateur veut indiquer cette subordination, il sait trouver des expressions non équivoques. C'est ainsi, par exemple, que l'art. 94, § 3, déclare que le juge d'instruction ne pourra donner main-levée des mandats de dépôt et d'arrêt au cours de l'information que sur *les conclusions conformes du procureur de la République.* L'indépendance du juge d'instruction est donc complète ; il pourra informer contrairement aux réquisitions du procureur de la République qui, dans ce cas, n'aura qu'un droit : celui de former l'opposition lorsque l'ordonnance aura été rendue.

Il serait, au surplus, assez étrange que la partie civile qui, comme nous allons l'établir, peut, aux termes de l'article 182 du Code d'Instruction criminelle, traduire par voie de citation directe devant le tribunal correctionnel l'auteur de tout délit qui lui est préjudiciable, fût désarmée quand elle a souffert d'un crime. Il ne faut pas que ce droit puisse être subordonné au bon plaisir du ministère public. *Reconnaître au contraire*, nous dit M. Boullaire (1), *à la plainte de la partie civile le pouvoir de saisir le juge d'instruction et de contraindre ce magistrat à statuer à son sujet, c'est assurer à la partie civile, même pour le cas où le juge d'instruction, partageant l'avis du ministère public, se refuse à informer, le recours devant la chambre d'accusation par appel de l'ordonnance (art. 135 Code Instr. crim.) ; c'est en même temps donner à la loi la concordance et l'harmonie.*

Jusqu'à ces derniers temps, la jurisprudence ne nous fournissait, sur cette difficulté, que des décisions très peu nombreuses. On n'imagine pas facilement, d'ailleurs, que le ministère public, institué pour défendre l'intérêt général, puisse se montrer récalcitrant et inactif quand des faits délictueux lui sont signalés.

____

(1) *Gazette des Tribunaux, loc. cit.*

Cependant, si dans la pratique des parquets une tendance était accusée, elle était plutôt en ce sens qu'une plainte contenant constitution de partie civile pouvait, comme toute autre plainte, être classée sans suite par le procureur de la République et le juge d'instruction. Des événements récents sont venus donner un intérêt nouveau à cette question, en même temps qu'ils ont provoqué des commentaires très complets sur la délimitation des pouvoirs des magistrats du parquet vis-à-vis du juge d'instruction, et aussi des pouvoirs de ceux-ci vis-à-vis des particuliers.

Les événements auxquels nous faisons allusion eurent dans tout le pays un grand retentissement. Il s'agissait d'exécuter les décrets du 29 mars 1880, ordonnant la dispersion administrative des congrégations religieuses qui ne satisfaisaient pas à certaines conditions d'autorisation. Certains religieux expulsés déposèrent des plaintes entre les mains des juges d'instruction ou des premiers présidents des Cours d'appel, suivant la qualité des fonctionnaires visés, plaintes tendant à prouver l'existence d'actes attentatoires à la liberté individuelle. Quelle était la valeur de ces plaintes lorsque le procureur de la République donnait des conclusions d'abstention ? Plusieurs juges d'instruction commencèrent à instruire sur ces plaintes, comme, par exemple, le juge d'instruction de Lille saisi d'une plainte contre le Préfet et le Commissaire central. De même le premier président de Douai reconnut dans son ordonnance la compétence du juge d'instruction (1).

A la vérité, la plupart des juges d'instruction qui se déclarèrent fondés à instruire, dans ces circonstances, furent dessaisis, mais non pas en raison d'une incompétence portant sur le fond de leur droit ; c'est par suite de considérations étrangères et dont nous n'avons pas à nous occuper ici, que les poursuites furent arrêtées. D'ailleurs la grande majorité des décisions rendues à ce propos consacrèrent la doctrine que nous soutenons : *Attendu,* dit M. le Président de la Cour de Pau (2), *que l'article 63 (C. I. Cr.) oblige le juge à accomplir les actes de sa fonction, c'est-à-dire à instruire préalablement quand il y a lieu, et dans tous les cas à statuer sur la plainte ; qu'on ne comprendrait pas, en effet, ni la situation d'une partie qui serait autorisée à se constituer devant un juge sans le saisir, ni celle d'un juge qui légalement saisi ne pourrait pas accomplir sa mission,* etc.

De même, M. le premier Président de la cour de Poitiers (3) : *Attendu que le législateur a entendu créer au profit des plaignants qui s'obligent à supporter les conséquences civiles de la procédure et prouvent par cet engagement même la gravité de l'intérêt qui les meut, la faculté de provoquer la*

(1) Ordonnance du 16 novembre 1880 (*Gazette des Trib.*, 22 nov. 1880).
(2) Pau, 15 novembre (V. DESJARDINS, *Revue critique*, 1881, p. 192).
(3) Poitiers, 19 septembre 1880.

mise en mouvement de l'action publique sous la garantie de l'impartialité du magistrat instructeur ; qu'ainsi sont conciliées d'une part l'indépendance du ministère, dont la liberté de réquisition demeure entière et qui conserve la faculté de ne pas ajouter à la plainte l'autorité de son appui, et d'autre part la nécessité de garantir les droits des citoyens contre le refus de poursuivre qui pourraient, dans certains cas, notamment en présence de difficultés et de retards entravant l'exercice de l'action devant la juridiction civile, constituer un véritable déni de justice....

C'est encore en ce sens que se prononcèrent les premiers présidents des cours de Bordeaux (1), d'Aix (2), Riom (3), dont il nous paraît inutile, après les citations qui précèdent, de rapporter les ordonnances. Nos adversaires sont donc obligés de reconnaître que leur thèse n'a pas eu les faveurs de la jurisprudence. C'est à peine s'ils peuvent invoquer, pour contester au juge d'instruction le droit d'informer sans l'assentiment préalable du parquet, une décision rendue formelle par M. le premier Président de la cour de Besançon où nous lisons : *Attendu que, hors le cas de flagrant délit, le juge d'instruction ne peut procéder à une information criminelle que lorsque l'action publique est mise en mouvement* (4).

(1) Bordeaux, 11 août 1880.
(2) Aix, 16 nov. 1880.
(3) Riom, 27 nov. 1880 (*Le Droit*, 1880, 12 décembre).
(4) *Gazette des Tribunaux*, 23 août 1881. Dans le même sens : Nîmes,

D'ailleurs, les arrêtistes les plus éminents se prononcent sans hésitation en faveur de notre doctrine. Tel M. Dalloz : *Lorsqu'une personne lésée par un crime ou délit s'est constituée partie civile devant le juge d'instruction, ce magistrat se trouve légalement saisi de l'affaire et doit lui donner une solution. Le ministère public à qui la plainte est communiquée ne peut se dispenser de formuler à son sujet des réquisitions, ne serait-ce que pour demander un non-lieu, sauf au juge à statuer comme il le jugera convenable* (1).

Aussi bien les arrêtés de conflits qui furent pris contre les ordonnances ci-dessus rapportées n'ont en rien infirmé cette théorie. Remarquons, en effet, que le Ministre de l'Intérieur, dans ses observations, ne contesta pas qu'en thèse générale le juge ne fût valablement saisi de l'action publique par une plainte directe. Il prétendit seulement, et nous aurons bientôt l'occasion d'examiner si ses prétentions étaient fondées. que la constitution de partie civile ne pouvait suffire à elle seule pour mettre l'action publique en mouvement contre les fonctionnaires visés dans la plainte (préfets, commissaires de police) (2).

Rappelons en terminant cette discussion, une affaire

1830, 6 novembre (Sir., 83, 2, 79). Cette dernière décision est cependant moins catégorique.

(1) DALLOZ, P. 1881, 2e partie, p. 83 (V. 3e partie, p. 17).

(2) DALLOZ, P., 1881, 3e partie, p. 18.

où le Parquet de la Seine reconnut nettement la compétence du magistrat instructeur saisi d'une plainte. En 1880, M. Baudry d'Asson, député de la Vendée, déposa entre les mains du doyen des juges d'instruction une plainte contre le président et les questeurs de la Chambre des députés, à raison des faits qui avaient accompagné son expulsion de l'Assemblée (1). Cette plainte fut communiquée au parquet en vertu de notre article 63, et fut retournée avec des conclusions tendant au non-lieu. On faisait valoir que les faits dont se plaignait l'honorable député de la Vendée n'avaient été que l'exécution du règlement de la Chambre des députés, règlement dont les Chambres sont maîtresses. Le juge adopta ces considérations, mais assurément de part et d'autre, on reconnaissait implicitement que le juge aurait pu accueillir la plainte (2).

A notre connaissance, il n'a été rendu depuis cette époque aucune décision sur la question qui nous occupe. Mais les principes rappelés ci-dessus nous paraissent certains. Concluons donc que les réquisitions du ministère public ne s'imposent pas au juge d'instruction, et qu'il a le droit, dans son ordonnance, de statuer dans un sens opposé, si telle est la solution que lui dicte sa conscience, les droits d'appel du parquet étant, bien entendu, sauvegardés.

(1) Séance du 11 novembre 1880.
(2) V. *Journal du Ministère public*, février 1881.

§ II. — **Effet de la constitution de partie civile par citation directe.**

La citation directe de la partie civile saisit le tribunal correctionnel ou de simple police. Elle le saisit ainsi que l'action civile et en même temps, par conséquence nécessaire de l'action publique. Cette solution est aujourd'hui absolument établie en doctrine et la jurisprudence est nettement fixée en ce sens.

Un arrêt de Cassation du 27 juin 1811, reconnaissait déjà *qu'il résulte des dispositions des articles 1, 2, 3 du Code d'Instruction criminelle que les tribunaux de police correctionnelle ne sont autorisés à connaître de l'action civile pour la réparation du dommage causé par un délit que lorsqu'ils sont en même temps saisis de l'action publique pour l'application de la peine ; qu'il suit de là que toutes les fois que ces tribunaux sont légalement et directement saisis de l'action civile, ils le sont aussi et en même temps de l'action publique ; que, suivant l'article 182 du même Code, les tribunaux de police correctionnelle sont légalement saisis de la connaissance des délits de leur compétence par la citation directement donnée par la partie civile au prévenu : qu'ainsi ces tribunaux doivent, dans ce cas, statuer à la fois sur l'action publique et sur l'action civile* (1).

1. Cass., 27 juin 1811 (Dev. et Carr., t. VII, p. 186, et 17 déc. 1824).

Nous pourrions, à côté de cette décision, en apporter beaucoup d'autres qui, comme les arrêts du 23 janvier 1823 (1), ou du 14 août 1881 (2), consacrent définitivement cette solution. Mais nous n'en avons pas besoin pour combattre victorieusement la doctrine adverse abandonnée aujourd'hui par la plus grande partie des auteurs, soutenue cependant avec éclat par M. Le Sellyer dans son *Traité des Actions publique et privée* (3). Avec cette école, on refuse à la partie civile, dans notre hypothèse, le pouvoir de mettre en mouvement l'action publique : ce ne serait pas la citation directe qui exercerait une influence sur l'action publique, mais les conclusions seules du ministère public. L'efficacité de la citation directe serait donc subordonnée en quelque sorte à la condition de conclusions à prendre par le ministère public.

A priori, il est facile de voir que cette opinion n'est pas fondée, car elle conduirait à décider que non seulement le tribunal de répression ne peut prononcer aucune peine contre le prévenu dans le cas de silence du ministère public, et nous prouverons le contraire, mais encore que le tribunal devant lequel la citation directe est lancée, n'a pas pouvoir pour statuer sur les intérêts civils. Cette conclusion est logique et forcée puisque ce tribunal ne serait pas saisi. M. Le Sellyer

---

(1) Cass., 23 janv. 1823 (Dev. et Car., t. VII, p. 180, et 17 déc. 1824).
(2) Cass., 11 août 1881 (Sir., 82, 1, 142).
(3) *Actions publique et privée*, t. 1, p. 690.

n'aperçoit pas cette conséquence nécessaire, ou tout au moins n'ose pas la donner; c'est qu'elle est la plus forte preuve de la fausseté de son système. Quel serait en définitive le droit de citation directe accordé par le législateur, si ce droit était soumis à la discrétion absolue du ministère public ? Une illusion fort dangereuse.

La vérité est que nous nous trouvons encore en présence, avec cette école, de cette confusion si souvent faite entre deux notions cependant bien distinctes : l'exercice de l'action publique et la mise en mouvement de cette action. La partie civile n'exerce pas l'action publique ; elle ne conclut pas à l'application de la peine, poursuivant seulement le dédommagement du préjudice qu'elle a souffert, mais pour atteindre ce résultat, elle n'a pas besoin d'exercer l'action publique ; il lui suffit de la mettre en mouvement en saisissant les tribunaux, et elle les saisit avant même que le magistrat ait donné ses conclusions, de sorte que les tribunaux peuvent prononcer la peine alors que le ministère public conclut à un acquittement. Pour apporter la preuve que nous avançons, nous pourrions invoquer les documents de jurisprudence les plus nombreux : nous nous contenterons de rappeler quelques arrêts particulièrement probants. Tel celui du 27 juin 1811, déjà cité, et qui déclare : *Que les tribunaux correctionnels doivent, en cas de conviction, et aux termes des articles 161 et 189 du Code d'Ins-*

truction criminelle, prononcer la peine due au délit quelles que soient d'ailleurs les conclusions du ministère public ; — Tel encore l'arrêt du 23 janvier 1823, précisant ce point acquis de la saisine des tribunaux correctionnels par la citation directe, dans les termes suivants : *Dès lors le tribunal saisi de la requête de la partie civile, devait examiner si les faits résultant de la citation et de l'instruction avaient le caractère de délits ; s'il leur trouvait ce caractère, il devait, indépendamment des réparations civiles, prononcer les peines déterminées par la loi, quelles que fussent les conclusions prises par le ministère public, parce que ces conclusions ne pouvaient effacer le caractère du fait reconnu par le tribunal.*

Ce n'est donc point dans les réquisitions du ministère public que l'action qui nous occupe prend naissance, mais au contraire dans la citation de la partie civile. Aussi a-t-on pu dire qu'en fait l'action de la partie lésée est une action pénale puisqu'elle peut aboutir, indirectement il est vrai, à faire prononcer une peine par le tribunal (1).

La Cour de cassation a même décidé, dans un arrêt du 29 février 1828, que l'audition du ministère public n'est pas nécessaire pour la condamnation du prévenu ; sa présence au débat suffit : *Le tribunal de police a cru ne pouvoir appliquer aucune peine parce que le*

____

(1) EYSSAUTIER, *Revue pratique*, 1884, p. 26.

ministère public n'en avait requis aucune ; mais il suffit qu'un tribunal de répression soit saisi de la connaissance d'une infraction aux lois pénales pour qu'il soit tenu d'y appliquer les peines portées par la loi, encore que le ministère public n'ait pris aucune réquisition : sa présence à l'audience suffit pour constituer le juge de paix en tribunal de simple police, et cette présence est constatée au jugement (1). Enfin, car il faut nous borner, terminons cette discussion par ces déclarations de la Cour suprême, extraites d'un arrêt du 23 février 1839. La Cour se demande si l'action directe du propriétaire d'un terrain de chasse est toujours recevable à côté de celle du ministère public chargé de poursuivre d'office la répression des délits de chasse commis en temps prohibé. Elle conclut affirmativement : *Le tribunal devant lequel est intentée cette action ne peut pas dès lors se dispenser d'infliger aux délinquants les peines portées par la loi, lors même que le ministère public se serait abstenu ou aurait refusé d'en requérir l'application* (2).

En conséquence de notre doctrine, il faudra décider que si la partie lésée, ou prétendue telle, n'est pas recevable dans la poursuite qu'elle intente, — soit parce qu'elle n'y a pas intérêt, soit parce qu'elle ne

(1) Arr. Cass., 29 fév. 1828 (*J. P.*, t. XXI, p. 1232) ; — V. Cass., 26 mai 1853 (DALL., 1853, 5, 309).
(2) Cass., 23 fév. 1839 (*Journ. du Dr. crimin.*, t. II, p. 366).

jouit pas de la capacité nécessaire, ou pour toute autre raison, — il faudra décider que le tribunal ne sera pas saisi, et que l'instance tombera alors même que le ministère public serait d'avis de poursuivre. Le tribunal, constatant la non recevabilité de l'action, sera dessaisi, et si le ministère public veut le contraindre à juger le fond, il devra introduire, dans les formes et pour son propre compte, une poursuite nouvelle. C'est en ce sens qu'avec juste raison s'est prononcée la jurisprudence (1).

La prétention que nous émettons au début de ce paragraphe se trouve ainsi vérifiée. Si la partie lésée n'exerce pas l'action publique, elle met cette action en mouvement, sans le concours du ministère public, par la seule force de la citation directe (2).

§ III. — La partie civile exerce-t-elle, dans tous les cas, sur l'action publique, l'influence que nous lui connaissons ?

La plainte avec constitution de partie civile et la citation directe suffisent généralement, mais sont nécessaires pour protéger les droits des particuliers. Les voilà à l'abri des influences qui pourraient peser sur les membres du ministère public et paralyser leur action. Mais est-il vrai d'avancer que, dans tous les cas, la partie lésée peut mettre en mouvement l'action

(1) Cass., 14 fév. 1852 ; — Dall., 1852, 5, 12.

(2) Sur la question : Faustin-Hélie, t. I, nº 518 ; — Hoffman, *Traité des questions préjudicielles*, t. I, nº 16 ; — Trébutien, t. II. nº 40.

publique ? N'existe-t-il pas des hypothèses dans lesquelles, en raison de la personnalité de l'auteur de l'infraction, les droits des particuliers sont considérablement limités ou même supprimés ?

Il nous faut écarter tout d'abord, comme en dehors de notre sujet, encore que ces hypothèses puissent offrir des particularités relativement à la mise en mouvement de l'action publique, celles où le Président de la République, les Ministres, les membres des Chambres, auraient commis des infractions à la loi pénale. Dans tous ces cas, l'action publique s'introduit dans des conditions particulières et suivant des formes que nous n'avons pas à apprécier ici, pas plus que les raisons d'ordre supérieur qui légitiment ces dispositions. Dans d'autres hypothèses encore, comme dans celles de suppression d'état, la mise en mouvement de cette action ne sera possible qu'après la solution d'un procès sur une question préjudicielle. Nous n'insisterons pas sur ces dispositions spéciales, car elles s'imposent également au ministère public et aux particuliers, et par là même sortent du cadre de notre sujet.

Mais, à côté de ces hypothèses que nous écartons, nous en trouvons d'autres dans lesquelles le droit de mise en mouvement de l'action publique n'a pas toujours été reconnu aux particuliers et ne l'est peut être pas encore ; alors qu'au contraire le ministère public jouit, à ce point de vue, d'un droit sans limite. Abordons-les immédiatement.

A. Infractions commises par un membre de l'ordre judiciaire. — 1° DÉLITS. — Aux termes de l'article 479 du Code d'instruction criminelle : *Lorsqu'un juge de paix, un membre du tribunal correctionnel ou de première instance, ou un officier chargé du ministère public près l'un de ces Tribunaux, sera prévenu d'avoir commis,* **hors de ses fonctions,** *un délit emportant une peine correctionnelle, le* PROCUREUR GÉNÉRAL *près la cour royale le fera citer devant cette cour qui prononcera sans qu'il puisse y avoir appel.*

L'article 483 du même Code nous donne les mêmes dispositions pour les membres des tribunaux de commerce, les juges de paix, les membres des tribunaux correctionnels ou de première instance, ou les officiers du ministère public près de ces mêmes tribunaux et près les tribunaux de police, ainsi que pour les officiers de police judiciaire désignés dans l'article 9 du Code d'Instruction criminelle, quand il s'agit de délits commis **dans l'exercice de leurs fonctions.**

Enfin mentionnons que ces dispositions sont encore applicables, d'après l'article 10 de la loi du 20 avril 1810, aux grands officiers de la Légion d'honneur, aux généraux commandant une division ou un département, aux archevêques, aux évêques, présidents des consistoires, membres de la Cour de cassation, de la Cour des Comptes et des Cours impériales, prévenus de *délits de police correctionnelle.* Les membres de l'Université.

aux termes de l'article 160 du décret du 15 novembre 1811, rentrent aussi dans cette même catégorie.

Ce qu'il nous importe de remarquer avant tout dans les textes cités, c'est cette particularité que les membres de l'ordre judiciaire ou les fonctionnaires qui leur sont assimilés sont poursuivis pour les délits commis par eux par le *Procureur général* et devant la Cour d'appel. Mais ce droit du procureur général est-il exclusif ? Les particuliers sont-ils, dans ces hypothèses, complètement désarmés ? La jurisprudence se prononce catégoriquement dans le sens de l'affirmative : seul le procureur général pourrait mettre en mouvement l'action publique. Les magistrats qui nous occupent seraient, en matière correctionnelle, à l'abri des atteintes des particuliers ; ils jouiraient d'une sorte de garantie judiciaire, présentant un obstacle insurmontable à toute citation directe ou constitution de partie civile saisissant le magistrat instructeur, car, comme l'a dit un arrêt de Cassation : *d'après l'article 479, il ne doit être fait aucune instruction écrite dans le cas qui est l'objet particulier de cet article* (1). La partie lésée n'a qu'un droit : celui de se constituer partie civile devant la Cour d'appel, en cours d'instance, lorsque le procureur général a cité le prévenu (2).

(1) Cass., 2 mai 1818 (J. P., t. XIV, p. 786 ; V. Cass., 6 oct. 1837 et 13 janv. 1843 ; — Crim. rej., 12 mai 1881, aff. Lamy de la Chapelle, D. P., 81, 1, 383.

(2) V. Mimville, *Revue pratique*, t. IX, p. 281.

Devant les termes formels de l'article 479, il paraît nécessaire d'admettre cette solution, mais ce texte est spécial aux matières correctionnelles, et il laisse en dehors de son domaine les contraventions et les crimes. Que décider quant à ces dernières infractions à la loi pénale ? Diverses solutions ont été proposées.

2° CONTRAVENTIONS ET CRIMES. — D'après une opinion, le privilège des magistrats serait général, et dans tous les cas le procureur général pourrait seul ouvrir des poursuites contre eux. Certains arrêts sont même allés si loin dans cette théorie qu'ils ont refusé aux particuliers lésés par l'infraction le droit de porter leur action purement civile devant les tribunaux civils, avant les poursuites du procureur général. C'est dans ce sens que la Cour de Paris s'est prononcée en 1860 (1). La conclusion est extrême et facilement réfutable. Les particuliers agissent ici à fin civile et aucun texte ni aucun raisonnement juridique, ne permettent de décider que leur action peut être tenue en suspens par la volonté d'un Procureur général. D'ailleurs la Cour de Cassation condamnant ce système a rappelé les vrais principes dans un arrêt du 16 décembre 1867 (2). Les articles 479 et 483, articles d'exception ne sont applicables qu'à l'hypothèse directement prévue, celle des délits.

D'une façon générale, il faut donc décider, lorsqu'il

(1) Cass., 16 déc. 1867 ; — Sir., 1868, 1, 49.
(2) Paris, 31 janv. 1860, Sir., 1860, 2e part., 308.

s'agit de contraventions, et ce point n'est guère discuté, que les droits des particuliers sont maintenus, comme en matière purement civile.

Nous donnerons encore cette solution en cas de crime, bien que cette dernière hypothèse ait été vivement controversée. Il nous paraît difficile, du reste, d'établir l'opinion adverse sur des bases vraiment sérieuses. Les seuls textes que l'on puisse invoquer sont les articles 480 et 484 de notre chapitre, qui disposent seulement que : *les fonctions ordinaires dévolues au juge d'instruction et au Procureur de la République sont remplies par le premier Président et le Procureur général près la Cour d'appel, chacun en ce qui les concerne* lorsqu'il s'agit de crimes. Ils ne touchent mot du mode de saisine de la juridiction criminelle, et à plus forte raison ils n'établissent pas que la mise en mouvement de l'action publique est ici monopolisée entre les mains du Procureur général. Cependant la Cour de Limoges (1) voit dans notre système *une interprétation contraire à la pensée des législateurs et aux considérations qui ont inspiré les articles 480 et 484. On ne comprendrait pas, continue-t-elle, que le juge fût incompétent pour informer sur les crimes commis par les mêmes fonctionnaires.* On ajoute que l'intérêt de la partie lésée est loin de perdre quelque chose à cette extension de l'article 479,

____

(1) Limoges, 19 oct. 1880 ; — *Sic :* Nîmes, 6 nov. 1880, Sir., 83, 2, 79.

car elle trouve de plus grande garantie dans la situation plus élevée des magistrats chargés d'informer et, dans tous les cas, le plaignant sera complétement rassuré, puisque, aux termes de l'article 47 de la loi du 20 avril 1880, si le Procureur général refusait ou négligeait d'agir, quand les délits et les crimes lui ont été dénoncés, la cour d'appel aurait le droit d'enjoindre à ce magistrat de poursuivre. Toutes ces raisons ne nous suffisent pas : nous persistons à reconnaître comme illégitime l'extension donnée à l'article 483, et à réclamer au contraire pour la partie civile le droit de rendre plainte avec les effets y attachés. La règle donnée par cet article n'a d'autre portée que de substituer des magistrats à d'autres magistrats. Si le législateur avait entendu modifier le fonds même du droit il n'aurait pas manqué de le dire.

C'est en ce sens que le tribunal des conflits s'est prononcé (1) et avec lui une bonne partie des tribunaux. Nous avons déjà cité précédemment l'ordonnance de M. le premier Président de la Cour de Pau, du 15 novembre 1880 (2) ; elle vient encore ici dicter la solution : *On comprend sans peine que le législateur qui, pour de simples délits, avait pu vouloir soustraire certains fonctionnaires à l'action de la partie civile, n'ait pas voulu laisser cette partie sans*

(1) Trib. des conflits, 22 déc. 1880, Sir., 82. 3, 57 ; — 20 janv. 1881, Sir., 82, 3, 74 et 75 ; — 2 avril 1881, Sir., 83. 3, 1.
(2) Gaz. des Trib., 22-23 nov. 1880.

recours en cas de crime et qu'il ait trouvé dans la substitution du premier Président au juge d'instruction des garanties suffisantes pour ces fonctionnaires sans constituer le procureur général seul arbitre des poursuites à exercer.

Concluons donc, en dernière analyse, que les magistrats de l'ordre judiciaire et ceux qui leur sont assimilés, sont, en cas de crime, soumis aux règles du droit commun. Les particuliers mettront en mouvement l'action publique, en se constituant partie civile dans une plainte déposée entre les mains du juge d'instruction, qui aura l'obligation de la transmettre au premier Président, ou déposée directement entre les mains de ce dernier (1).

B. Infractions commises par des agents administratifs dans l'exercice de leurs fonctions. — Les particuliers lésés par les crimes ou délits commis par les agents du Gouvernement agissant dans leurs fonctions peuvent-ils porter leur action devant les tribunaux de répression et les saisir dans les termes du droit commun ? Rappelons, avant d'aborder cette délicate question, que les lois des 16-

---

(1) Un projet de loi adopté par la Chambre des députés a pour objet de revenir à une législation uniforme. Il dispose que l'action directe de la partie civile devant les tribunaux de justice répressive pourra être exercée tant en matière de crime que de délit, dans les termes du droit commun, contre toutes les personnes désignées dans l'art. 10 de la loi du 20 avril 1810, et contre tous les magistrats dénommés dans les art. 479 et suiv. du Code d'instr. crim. (*Officiel* du 13 nov. 1892).

24 août 1790, 7-14 octobre 1790, 21 fructidor an III, et la Constitution de l'an VIII avaient successivement posé le principe fondamental de la séparation des fonctions administratives et judiciaires et l'avaient développé en le sanctionnant par l'institution des conflits.

Corroborant le principe posé, ces mêmes lois avaient en outre organisé au bénéfice des agents de l'administration une garantie toute spéciale, en vertu de laquelle ces agents ne pouvaient être poursuivis pour des faits relatifs à leurs fonctions qu'à la suite d'une autorisation du Conseil d'Etat (art. 75 de la Constitution de l'an VIII). Cette garantie administrative tendait à protéger les fonctionnaires publics contre des poursuites téméraires ; elle créait une fin de non-recevoir contre toute action dirigée contre eux en l'absence d'une autorisation préalable.

Si le principe de la séparation des autorités administrative et judiciaire est incontestable dans son principe, et constitue la sauvegarde de l'indépendance de l'administration au regard de l'autorité judiciaire mieux armée que l'autre pour commettre des empiétements hors de son domaine, il n'en est pas moins vrai que la situation des fonctionnaires était sujette à critique. Sous cette législation, c'était la porte ouverte à l'immunité dans des cas où leur responsabilité était véritablement engagée. Aussi ce privilège fut-il souvent discuté jusqu'au décret du 16 septembre 1870 du Gouvernement de la Défense nationale qui le supprima : *L'article 75 de la Constitution de l'an VIII est abrogé. Sont également abrogées toutes autres dispositions des lois générales ou spéciales ayant pour objet d'entraver les poursuites dirigées contre les fonctionnaires publics de tout ordre* (article 1er).

Que faut-il décider actuellement quant à la situation des fonctionnaires dans l'hypothèse qui nous occupe ? A première vue, la situation qui paraît s'imposer est celle-ci : les fonctionnaires pourront être poursuivis devant la juridiction de droit commun, sans autorisation préalable, dans tous les cas où le principe de la séparation des autorités judiciaire et administrative sera sauvegardé. C'est aussi ce qu'il faut décider (1).

Mais développons les conséquences de cette nouvelle législation. Les tribunaux judiciaires sont compétents pour connaître des fautes personnelles — par opposition aux fautes administratives — reprochées aux fonctionnaires, c'est-à-dire des fautes telles que voies de fait, dol, négligences, en un mot toute infraction au droit commun (2). Le tribunal des conflits a, du reste, consacré cette première solution, et nous n'insisterons pas (3).

Mais, selon nous, là ne s'arrête pas le droit des particuliers : nous croyons que ceux-ci peuvent mettre

(1) SOURDAT, *Traité général de la responsabilité*, p. 188.
(2) DUCROCQ, *Cours de dr. administr.*, 6e éd., nos 679 et suiv.
(3) Confl., 26 juill. 1873 (V. *Gazette du Palais*, 20 nov. 1893).

en mouvement l'action publique devant les tribunaux
ordinaires, dans certains cas de fautes administratives.
En effet, l'ordonnance du 1ᵉʳ juin 1828 décide dans
son article 1ᵉʳ que : *à l'avenir le conflit d'attribution
entre les tribunaux et l'autorité administrative ne
sera jamais élevé en matière criminelle*, c'est-à-dire
que cette ordonnance s'oppose à ce que, dans un procès criminel, le conflit puisse être élevé sur des questions préjudicielles dont la connaissance appartiendrait
à l'administration (1).

Aux termes de l'article 2 : *Le conflit ne peut être
élevé en matière correctionnelle que dans les deux cas
suivants : 1° lorsque la répression du délit est attribuée
par une disposition législative à l'autorité administrative ; 2° lorsque le jugement à rendre par le tribunal
dépend d'une question préjudicielle dont la connaissance appartiendrait à l'autorité administrative en
vertu d'une disposition législative. Dans ce dernier
cas, le conflit ne pourra être élevé que sur la question
préjudicielle.*

Toutes ces dispositions ont pour but de permettre
le libre exercice de l'action publique devant les tribunaux de répression et d'assurer à ceux-ci la compétence exclusive pour statuer sur l'action publique ;
elles ont un caractère bien net et ne font aucune distinction entre les cas où l'action publique est mise en

(1) V. SIMONET, *Droit public et administratif*, p. 131.

mouvement par le ministère public ou les particuliers.

Cependant le conflit élevé en matière criminelle par le Préfet de la Vienne a été confirmé par le tribunal des conflits le 22 décembre 1880 (1). Celui-ci se fonde sur les lois des 16-24 août 1790 et 16 fructidor an III, et déclare ensuite que l'Ordonnance de 1828 n'est pas applicable dans tous les cas, et qu'il faut faire une grande distinction tirée de l'esprit même de l'Ordonnance. — Le mot *matière criminelle* n'a pas été pris, dit-on, dans le sens vulgaire : il y a seulement matière criminelle, lorsque le juge d'instruction est mis en mouvement par le ministère public, *mais ce texte n'a pas pour but et ne saurait avoir pour effet de soustraire au principe de la séparation des pouvoirs l'action civile formée par la partie lésée, quelle que soit la juridiction devant laquelle cette action soit portée.* Ainsi, d'après le tribunal des conflits, le juge d'instruction saisi par la plainte d'une partie civile n'est saisi que d'une action civile. Nous avons, par avance, réfuté ce raisonnement : nous ne craignons pas d'avancer qu'il n'existe pas un seul document législatif permettant de supposer que le rédacteur de l'Ordonnance ait voulu attacher une signification restreinte à l'expression *matière criminelle*. — Dans ces conditions, le Tribunal des Conflits n'a établi une pareille inter-

---

(1) S., 1882, 3, p. 57; — V. Trib. des confl., 20 janv. 1881, S., 82, 3, 74; 12 mars 1881, S., 82, 3, 75; — 2 avril 1881, S., 83, 3, 1; — Cfr. LACHENAL, *Des conflits positifs d'attribution (France judiciaire,* 1884, p. 37 à 54).

prétation qu'au mépris des règles d'interprétation juridique. On est en matière criminelle chaque fois qu'il s'agit de statuer sur un crime (1).

Il faut donc décider que l'Ordonnance du 1er juin 1828 interdit le conflit en matière criminelle sans distinguer de quelle façon la juridiction est saisie, ce qui signifie pour nous qu'une personne lésée par un crime pourra, en déposant sa plainte entre les mains du juge d'instruction, mettre en mouvement l'action publique, comme les magistrats du parquet pourraient le faire. Décider le contraire, c'est remettre la sécurité individuelle entre les mains du Préfet, et nous serions complètement de l'avis de la cour de Poitiers qui, regardant comme défendu par l'article 1er de l'Ordonnance le conflit élevé, prit le parti de passer outre.

Le même raisonnement nous conduit à décider qu'en matière correctionnelle, — dans les conditions réservées par l'article 2 de l'Ordonnance, — le conflit ne pourra non plus être élevé lorsque le tribunal sera saisi par la citation directe de la partie lésée. Il n'est pas vrai, et nous en avons donné les raisons au chapitre de la citation directe, que dans cette hypothèse le tribunal correctionnel ne soit saisi que d'une action civile (2). Nous savons que, même au cas où le minis-

---

(1) Si l'action en réparation du dommage causé par un crime ou délit était portée devant le Tribunal civil, le conflit pourrait être élevé (Cons. d'Ét., 9 fév. 1857, S., 47, 2, 378; — COLLIGNON, *Des conflits d'attribution*, p. 78).

(2) V. *Traité des conflits*, 17 avril 1854 et 29 déc. 1877 (*Revue critique de législation de 1881*, article de M. DESJARDINS, p. 186 et 187).

tère public s'abstiendrait, le tribunal pourrait prononcer une peine, s'il constatait un délit dans le fait débattu devant lui. En conséquence, ici encore refuser le droit de citation directe aux particuliers, c'est réduire le texte de l'Ordonnance de 1828 contre la volonté du législateur (1).

C. Infractions commises par les ministres du culte. — La question que nous abordons est voisine de la précédente et nous ne nous y arrêterons qu'un instant. Nous nous demanderons si les ministres des cultes sont à l'abri des poursuites des particuliers lésés par une infraction à la loi pénale dont ces ministres se sont rendus coupables.

Même sous la législation de l'article 75 de la Constitution de l'an VIII, il était difficile d'assimiler les ministres des cultes aux agents du Gouvernement. Les ministres des cultes, en effet, ne sont pas des fonctionnaires : s'ils ne sont pas complètement indépendants de l'État, ils n'ont reçu cependant aucune mission administrative. Leur mission est religieuse et spirituelle. Comme le disait déjà la déclaration de 1682 : *Le chef de l'Église et l'Église même n'ont reçu de puissance que sur les choses spirituelles et qui concernent le salut, et non pas sur les choses*

(1) Sur la question : MOLINIER, *Mémoire sur l'abrogation de l'art. 75 de la Constitution de l'an VIII* (Recueil de l'Académie de législation, t. IX, 1870, p. 400) ; — Corentin Guyho, *Revue pratique*, 1873, t. 36, p. 439 ; — A. Besin, *De la Responsabilité des fonctionnaires publics* (La France judiciaire, t. V, p. 487).

temporelles et civiles. Si l'article 75 eût seul existé, la question que nous examinons n'aurait pu se poser.

Mais quelques dispositions spéciales de nos lois peuvent paraître, à première vue, avoir créé pour les ministres des cultes une situation privilégiée. Ce sont les dispositions contenues dans la loi du 18 germinal an X (art. 6, 7, 8), organisant ce que l'on appelle *l'abus ecclésiastique.*

L'examen des différents cas d'abus nous entraînerait au-delà des limites de notre sujet : nous ne l'entreprendrons pas. Il nous suffit de savoir que, dans le cas d'abus, soit pour usurpation ou excès de pouvoir, de la part des ministres du culte, soit pour contravention aux lois et règlements de l'État, soit dans toute autre hypothèse prévue par la loi de germinal, l'acte reproché au ministre du culte sera tout d'abord soumis à *l'appréciation du Conseil d'État.*

Faut-il généraliser ce système et décider que tout acte du ministre du culte doit, préalablement à la poursuite, être soumis au Conseil d'État, qui donnerait en quelque sorte l'autorisation de poursuivre ? L'acte reprochable doit nécessairement rentrer dans l'une des trois catégories suivantes : — 1° il constitue un abus sans être une infraction à la loi pénale ; — 2° l'acte est délictueux, mais il n'a pas été accompli dans l'exercice des fonctions sacerdotales ; — 3° l'acte est à la fois abusif et délictueux. (1).

(1) V. M. Ducrocq, *Droit administratif*, t. 1, p. 549 et suiv.

Écartons tout d'abord la première hypothèse. Puisque nous sommes avec elle en présence d'un simple abus, c'est le décret du Conseil d'État qui prononce la déclaration d'abus. La personne intéressée devra donc ici se pourvoir devant le Conseil d'État.

La seconde hypothèse ne nous intéresse pas non plus. En face d'une infraction pénale commise en dehors de ses fonctions sacerdotales, le ministre du culte est un particulier ordinaire et tout le monde reconnaît qu'il rentre alors dans le droit commun. Il pourra être poursuivi après le dépôt d'une plainte, ou sur citation directe de la partie lésée, en matière correctionnelle. Pourquoi soumettre la poursuite à une condition quelconque ? Le ministre du culte, en dehors de ses fonctions sacerdotales, n'a droit à aucune protection spéciale.

La question se pose donc seulement pour la troisième hypothèse, à propos de laquelle la jurisprudence a souvent distingué les droits des particuliers de ceux du Ministère public. Dans la crainte que les poursuites des particuliers ne fussent parfois dictées par un esprit de haine ou de vengeance ou simplement par un zèle inconsidéré, elle décida que le recours du Conseil d'État devrait être exercé par les parties lésées dans notre hypothèse, Mais que le Ministère public, au contraire, pourrait saisir directement les tribunaux de répression. C'est le système de l'arrêt de cassation du 10 avril 1881, maintenu par un arrêt de la même Cour du 19 avril 1883. Les textes ne sont pas favorables à cette solution. L'article 8 de la loi de germinal an X s'exprime ainsi : *Le recours compétera à toute personne intéressée ; à défaut de plainte particulière il sera exercé d'office par les préfets.*

Le fonctionnaire, l'ecclésiastique ou la personne qui voudra exercer ce recours, adressera un mémoire détaillé et signé au Conseil d'Etat, chargé de toutes les affaires concernant les cultes, lequel sera tenu de prendre, dans le plus court délai, tous les renseignements convenables ; et sur son rapport l'affaire suivie et définitivement terminée ou renvoyée, selon l'exigence des cas, aux autorités compétentes.

Où trouve-t-on dans le texte cette obligation pour la partie lésée et cette faveur pour le ministère public ? Cette distinction ne repose sur rien. Du reste, on reconnaît que la loi de Germinal an X n'a eu pour but que de réglementer les manquements aux devoirs sacerdotaux et non les crimes et délits de la loi pénale. Elle n'a donc pas créé l'obligation de soumettre au Conseil d'Etat les autres criminels ou délictuels des ministres des cultes joints ou non à des actes d'abus. En conséquence, la distinction que l'on voudrait faire à ce sujet entre le ministère public et les particuliers ne peut être tirée de cette loi. Peut-on invoquer d'autre texte ? Aucun. Nous nous trouvons encore ici en face de l'erreur si souvent commise relativement au caractère de l'action des particuliers devant les juridictions répressives : nous n'insistons pas. D'ailleurs la Cour de Cassation, dans en arrêt plus récent, celui du 3 août 1888 (1), est revenue à la vraie solution, bien que dans ses motifs la Cour suprême ne rappelle peut-être pas aussi nettement qu'il serait désirable, les principes : *Attendu qu'aucune disposition de ces articles (art. 6, 7, 8 de la loi du 18 Germinal an X) ne portent que les ecclésiastiques ne pourront jamais être traduits, soit par le ministère public, soit par les particuliers, pour les délits relatifs à leurs fonctions, devant les tribunaux ordinaires de répression sans avoir été préalablement déférés au Conseil d'Etat ; qu'on objecterait vainement qu'il suffit que l'abus soit contenu dans le délit pour que le fait doive être soumis à la juridiction chargée de déclarer l'abus ; qu'il est contraire à tous les principes que lorsqu'un fait constitue à la fois un manquement disciplinaire et un délit, le tribunal doive connaître du fait préalablement et préférablement au tribunal chargé de réprimer le délit ; qu'il faudrait une disposition spéciale et formelle qui, par dérogation au droit commun, imposât ce recours préalable au cas de délit ; que cette disposition n'existe ni en ce qui concerne l'action du ministère public, ni en celle de la partie civile ; qu'on ne peut la suppléer et que, dans le silence de la loi, la règle qui est écrite dans les articles*

---

(1) Dalloz, 1888, 1, 443.

1, 2 et 3 du Code d'instruction criminelle sur la liberté de l'action publique et de l'action privée conserve son empire.

La Cour de Cassation s'est donc ainsi rangée à la théorie soutenue par le Conseil d'Etat qui décidait que son autorisation n'était exigée par aucun texte de loi, pas plus pour les particuliers que pour le ministère public (1).

D. Délits commis en pays étranger par un Français.

— La loi du 27 juin 1866, dans son article 5, est venue apporter une modification aux droits ordinaires des particuliers. — Elle dispose que, dans le cas de délit commis en pays étranger par un Français, la poursuite ne pourra être intentée qu'à la requête du ministère public. — La partie offensée doit déposer une plainte préalable, ou cette plainte doit émaner de l'autorité du pays où le délit a été commis (art. 5). — Le droit de se constituer partie civile est sans doute maintenu pour le particulier, mais, seul, le ministère public a qualité pour introduire la poursuite.

Cette disposition s'imposait dans ce cas (2). En effet, étant donné les exigences nécessaires de la loi, la

(1) D. Cons. d'Ét., 10 juin 1881 (V. DALLOZ, 1886, 3, 27. Notons qu'un système, peu en faveur du reste aujourd'hui, déclare que dans notre troisième hypothèse, le recours au Conseil d'Etat serait encore nécessaire, même pour le ministère public.

(2) V. DUVERGIER, *Lois et décrets*, 1866, p. 206.

poursuite de la partie lésée eût été presque impossible en fait, car elle aurait eu à prouver que le délit poursuivi était un délit puni par la loi étrangère (art. 5, § 2), elle aurait eu à rassembler les preuves de la nationalité du coupable, à provoquer la plainte ou la dénonciation de l'autorité étrangère, etc...

Quoi qu'il en soit, il n'en est pas moins vrai que, dans cette hypothèse, les droits de mise en mouvement de l'action publique par les particuliers, sont supprimés.

CHAPITRE III

CAS OÙ LA PLAINTE DES PARTICULIERS EST LA CONDITION
NÉCESSAIRE A L'EXERCICE DE L'ACTION PUBLIQUE

1. — Nous avons établi dans les chapitres précédents que les particuliers exercent une influence certaine sur l'action publique, influence considérable même dans le cas où, lésés par l'infraction, ces particuliers se portent partie civile. Mais, au point où nous en sommes de cette étude, nous n'avons rencontré aucune sorte d'entrave au droit d'initiative du ministère public devant une infraction à la loi pénale. Sitôt qu'un fait délictueux parvient à sa connaissance, avons-nous dit, le magistrat du ministère public pourra agir.

Cependant il a fallu limiter ce principe fondamental, tant il est vrai qu'en bonne législation il est impossible de monopoliser, d'une façon absolue, entre les mains des représentants de l'État, le pouvoir de répression. — *Si le maintien de la paix publique semble demander qu'aucun délit ne reste impuni, cette même paix gagne aussi à ce qu'on laisse se guérir d'elles-mêmes des blessures qui s'enveniment dès qu'on y touche* (1).

(1) *Traité des infractions commises par la parole, l'écriture et la presse* (FABREGUETTES, t. II, n° 1929).

— En face de certains délits, spécialement déterminés, les magistrats du ministère public devront donc s'arrêter : l'opportunité de la poursuite est, dans ces hypothèses, d'une appréciation si délicate que le législateur s'est vu obligé de s'en remettre sur ce point aux véritables intéressés. — Comme le dit M. Faustin-Hélie : *Ces exceptions doivent être puisées non dans les règles du droit, mais dans des considérations plus flexibles d'utilité sociale. L'action publique peut s'arrêter là où le mal causé par le délit est secondaire, et où la poursuite serait pour la Société elle-même un péril réel* (1). — Dans ces hypothèses, le ministère public ne recouvrera ses droits ordinaires qu'après le dépôt d'une plainte de la victime.

Quels sont ces délits spéciaux ?

Le législateur ne les a pas classés méthodiquement. On les trouve épars dans le Code pénal et dans certaines lois spéciales; ce sont : 1° l'adultère ou entretien de concubine au domicile conjugal, délits prévus dans les articles 336 à 339 du Code pénal; le rapt (357 C. pénal); les diffamations ou injures (art. 47-60 de la loi du 29 juillet 1881); la chasse sur le terrain d'autrui (art. 26, loi du 3 mars 1844); pêche (loi du 15 avril 1827); les crimes et délits des fournisseurs des armées (430, 433, pénal); contrefaçon industrielle (art. 45, loi du 5 juillet 1844).

(1) *Instr. crim.*, t. I, n° 749.

On a donné diverses classifications de ces délits. Si l'on se place au point de vue des motifs qui ont inspiré cette législation spéciale, tantôt l'on voit que c'est l'intérêt de la famille qui a été avant tout consulté, comme dans les délits d'adultère, de rapt, d'injure et de diffamation ; tantôt c'est l'intérêt de la propriété privée, comme dans les délits de chasse, de pêche, de contrefaçon. Enfin, pour les crimes et délits des fournisseurs des armées, le législateur a consulté la raison d'État.

Vues sous un autre jour, les infractions qui nous occupent peuvent aussi être rangées dans les deux catégories suivantes : les unes sont la propriété de la victime : adultère, diffamation et injure envers des particuliers. La victime pourra, après avoir déposé sa plainte, la retirer, alors que l'action publique est déjà engagée, et dessaisir ainsi les Tribunaux. Pour les autres, au contraire, rapt, diffamation et injure envers les corps constitués, chasse sur le terrain d'autrui, contrefaçon, délits des fournisseurs des armées, la poursuite ne peut plus être arrêtée dès qu'elle a été mise en mouvement : le plaignant ne reste pas maître d'arrêter les poursuites.

Quoi qu'il en soit, de ces distinctions, la règle qui domine en la matière est que l'action publique ne pourra être mise en mouvement que sur la plainte de la partie lésée. Aussi a-t-on pu dire que ces délits sont des délits privés, expression dont il faut savoir comprendre le sens, car — nous avons déjà eu occasion de le faire remarquer, — dans notre législation moderne il n'y a plus de délits privés : tous les délits sont publics, puisque leur répression est toujours demandée au nom de la Société et qu'ils sont sanctionnés par une peine. Pour être plus exact, il faudrait donc dire que ces délits publics sont soumis à l'initiative privée.

Avant d'aborder l'examen de chacun des délits pour lesquels la plainte de la victime est la condition préalable de la mise en mouvement de l'action publique, nous devons examiner une question qui a été long-temps débattue : Quelle forme doit recevoir cette plainte ?

11. — Nous avons vu que les articles 31 et 63 du Code d'instruction criminelle prescrivent certaines règles de forme, particulières aux dénonciations et aux plaintes, mais nous avons ajouté que ces formes sont, dans la pratique, rarement suivies, et que, d'une façon générale, les dénonciations ou plaintes, suffisamment précises, sont toujours accueillies comme telles, alors même qu'elles sont déposées entre les mains des magistrats incompétents pour les recevoir, aux termes du Code d'instruction criminelle.

Relativement aux délits qui nous occupent actuellement, il paraîtrait convenable d'exiger strictement les formes de la loi. Et, en effet, la plainte va devenir la base même de l'action : c'est sur elle que s'appuiera toute la procédure pénale, et le ministère public devra la produire pour expliquer et autoriser ses réquisitions. Il ne suffira plus qu'il se retranche derrière la rumeur publique ou sa conscience de magistrat. Dans ces délits la plainte perd son caractère ordinaire d'impersonnalité : elle doit être l'œuvre de personnes directement intéressées et il s'agit de justifier de l'identité de son auteur. *Les formalités prescrites par la loi*, a dit M. Trébutien, *ont pour but de garantir que la plainte est un acte sérieux et réfléchi et non une dénonciation imprudente : lors, il est plus nécessaire ici que dans tout autre cas que le plaignant agisse avec réflexion et qu'on en ait la certitude légale* (1).

Cédant aux mêmes considérations, des auteurs considérables comme MM. Faustin-Hélie, Carnot, Haus, Laborde, Garraud (2), et d'autres encore, exigent le respect absolu des articles 31 et 63.

Cette doctrine n'est cependant pas consacrée par la jurisprudence, qui s'inspirant de raisons pratiques, ne soumet à aucune forme consacrée la rédaction et le dépôt de la plainte : inutile donc, dans ce système, de rechercher si la plainte est écrite, signée conformément aux prescriptions du Code d'instruction criminelle; peu importe aussi le fonctionnaire compétent qui la recevra. — Ici comme ailleurs, elle vaudra lorsqu'elle

(1) Trébutien, t. II, § 55.
(2) Faustin-Hélie, t. II, nᵒˢ 751 et suiv.; — Carnot, *Instr. crim.*, art. 339, Code pénal, nᵒ 11; — Haus, t. II, nᵒˢ 1158 et 1159; — Laborde, nᵒ 792, p. 211; — Garraud, *Précis de droit criminel*, nᵒ 363, p. 473.

indiquera clairement l'intention de la partie lésée de faire réprimer le délit dont elle a souffert, et alors qu'il n'y aura pas de doute sur l'identité du plaignant (1). Cette volonté, dit-on, peut être exprimée énergiquement quelle que soit la forme employée. — Sans doute il faudra limiter ce principe : cette volonté ne pourrait se présumer, être tirée par exemple d'un rapport de la partie lésée à un supérieur, ou de circonstances de nature à indiquer tacitement cette volonté (2). — Mais elle résultera suffisamment d'une lettre, même non signée, si son authenticité est certaine, même non datée, pourvu qu'il soit établi qu'elle est antérieure à la poursuite. — C'est ainsi, par exemple, que si une plainte en adultère est irrégulière quand elle porte la mention que le plaignant ne sait signer, alors qu'il est seulement pour cause de maladie empêché de signer, ce vice de forme pourra être corrigé en cours d'instance, ou du moins en appel (3).

Telle est la jurisprudence. Bien qu'elle semble en contradiction absolue avec les articles 31 et 63, nous croyons cependant qu'elle se justifie, même par des considérations juridiques. — En effet, tout le monde admet qu'en dehors des délits qui nous occupent, la plainte ou la dénonciation est recevable sans condi-

(1) Cass., 20 juin 1873, S. 73, 1, 488 ; — Dijon, 30 juin 1878 (*Journ. de droit crimin.*, art. 10124).

(2) Cass. crim., 23 fév. 1832, D. P., 32, 1, 236 ; — Cass., 29 mai 1847, D. P., 46, 1, 152 ; — Cass., 9 janv. 1858, D. P., 58, 5, 286.

(3) Caen, 28 avril 1873, D. P., 1876, 2. p. 63.

tions de forme. — Or des lois nouvelles, comme celle de 1881 sur la presse, par exemple, qui se sont trouvées en face de cette jurisprudence formellement établie, n'ont, en ordonnant la plainte préalable à la poursuite, imposé aucune condition de forme à cette plainte, se refusant par conséquent à la pratique admise. Le législateur n'a-t-il pas ainsi tacitement consacré la jurisprudence comme il l'avait déjà fait, en 1844, lors du vote de la loi sur la pêche et de la chasse ?

Du reste, on comprend facilement qu'en matière pénale toutes les difficultés de forme soient aplanies. La victime d'un délit n'obéit pas, comme en matière civile, à des intérêts d'ordre purement matériel : elle ne poursuit pas une réparation pécuniaire, mais plutôt une réparation morale, et elle doit profiter des indulgences de la loi, alors que celle-ci aurait pour conséquence d'aller à l'encontre de son droit, si des formes absolument strictes étaient la condition de l'exercice de ce droit. Remarquons d'ailleurs que, dans la plupart des délits qui nous occupent, les parties lésées se heurtent déjà à des prescriptions particulièrement courtes, comme celles de trois mois en matière de chasse, de diffamation, etc...

Nous croyons donc que la jurisprudence se débarrasse à juste titre des entraves des articles 31 et 65 du Code d'instruction criminelle, avec l'obligation qu'elle impose cependant au plaignant de manifester nettement la volonté de provoquer la poursuite.

Mais nous n'accepterons pas l'opinion de M. Mangin qui, s'inspirant, ainsi que M. Le Sellyer (1), des principes qui animent la jurisprudence, mais dépassant les bornes posées par elle et le dernier auteur, va jusqu'à prétendre que parfois la plainte de la partie lésée n'est pas nécessaire pour que le ministère public puisse agir.

Il suffit, nous dit M. Mangin (2), que la partie lésée poursuive une réparation civile devant la juridiction civile pour que l'obstacle à l'exercice de l'action publique soit levé : *Si le ministère public est obligé de garder le silence, ce n'est qu'autant que la partie lésée ne réclame point : la loi supposant alors que le délit n'existe pas, ou que la partie préfère en souffrir plutôt que de s'exposer aux conséquences souvent fâcheuses d'un débat judiciaire. Mais si, par exemple, un individu diffamé demande aux tribunaux civils des dommages-intérêts, si un mari forme contre sa femme une demande en séparation de corps pour cause d'adultère, l'action publique pour la répression des délits de diffamation et d'adultère pourra être intentée, car la loi n'en fait remise qu'autant que la partie lésée n'exerce pas elle-même la sienne. Cette action qui n'était que suspendue prend le cours que la loi lui assigne.... Il y a donc plainte ou dénonciation dans le sens de la loi, dès que celui qui a souffert réclame une réparation, soit qu'il la demande aux*

(1) Le Sellyer, t. I, n° 244.
(2) Mangin, *Action publique*, I, n° 132.

tribunaux criminels en provoquant l'action criminelle pour y joindre la sienne, soit qu'il s'adresse aux tribunaux civils, ainsi que l'article 3 du Code d'instr. crim. lui en laisse la faculté.

Il nous paraît impossible de justifier cette opinion. Sans doute, un souci scrupuleux de l'ordre social pourrait, dans ses conséquences extrêmes, tendre à réprimer une infraction prouvée, démontrée au point de servir de base à une action et à motiver un jugement d'un tribunal civil admettant cette action, mais faut-il au moins que cette infraction en soit une au sens complet du mot. Or, nous savons que les délits qui nous occupent ont un caractère tout spécial, que le législateur les a distingués et catalogués à côté des autres délits. Si ce ne sont pas des délits privés, leur répression, ainsi que nous l'avons vu, tire sa raison d'être plutôt dans l'ordre privé que dans l'ordre public : en tout cas le législateur a voulu que cette répression fût subordonnée à la volonté de la partie directement atteinte.

Or, si la partie lésée ne poursuit qu'une réparation pécuniaire, n'est-ce pas violer la loi que d'autoriser le ministère public à agir au nom de la Société ? Evidemment oui. En l'espèce, la condition nécessaire à l'exercice de l'action publique est absente : la plainte préalable aux fins de répression. Le ministère public ne doit donc pas pouvoir agir. Il ne peut y avoir de transaction avec ce principe et l'article 308 ancien du

Code civil qui permettait au ministère public de requérir une condamnation pour adultère contre la femme qui entendait prononcer sa séparation de corps. Cet article est aujourd'hui abrogé depuis la loi de 1884 sur le divorce, mais c'était une disposition tout exceptionnelle ne portant atteinte en aucune façon aux principes ci-dessus développés, car le ministère public n'aurait pu, en ces circonstances, requérir la peine contre le complice de la femme. De même, si sous l'empire de cette législation, dans une instance en séparation de corps, l'adultère du mari était établi, le ministère public ne pouvait non plus tendre à la répression, lors même que l'enquête eût démontré l'adultère dans les conditions punissables pour le mari.

Cette question étant résolue, demandons-nous quelle va être la conséquence du dépôt de la plainte de la partie lésée? — Le ministère public reprend-il toute son indépendance? — *Le ministère public* nous dit M. Faustin-Hélie (1), peut agir ensuite sans aucun concours, sans aucune assistance. *Il importe peu que le plaignant, après avoir dénoncé le délit, ne s'associe pas à la poursuite; il importe peu qu'il déserte la cause et demeure à l'écart; l'action qu'il a provoquée ne lui appartient pas; le ministère public, dès qu'il en est saisi, l'exerce seul, et ne doit consulter*

(1) Faustin-Hélie, *Instr. crim.*, II, n° 757.

que les intérêts de l'ordre public qui lui sont confiés. — Tel est le principe. On en conclut que le ministère public peut, après le dépôt de la plainte, agir ou ne pas agir, poursuivre tous ceux qui ont participé au délit, qu'ils soient désignés ou non dans la plainte. Après le jugement il pourra interjeter appel ou se pourvoir en cassation sans se préoccuper des intentions de la partie lésée.

Toutes ces déductions qui nous sont données par la grande majorité des auteurs paraissent nécessaires pour conserver au ministère public son caractère. — Si la partie lésée n'a, dans ces délits, que le droit de défendre ou de permettre l'action publique, si le magistrat n'est arrêté que par une autorisation de poursuite que la victime doit lui donner en quelque sorte, — cette autorisation une fois donnée, — le magistrat recouvre toute sa liberté. Cependant nous verrons, en étudiant à ce point de vue chacun des délits qui font l'objet de ce chapitre, de si nombreuses exceptions à la règle, qu'il serait difficile d'admettre une théorie générale. Ces délits ont un caractère tellement spécial que le législateur n'a pas cru pouvoir les réglementer ensemble. — A propos des uns, il accordera à la partie lésée un pouvoir presque absolu sur l'action publique, en lui permettant même parfois d'arrêter l'effet de la condamnation prononcée.

Ces infractions, nous les rangerons en deux catégories : la première comprendra celles qui atteignent les personnes dans leurs intérêts moraux, la seconde celles qui lèsent leurs intérêts pécuniaires (1).

SECTION PREMIÈRE

DES INFRACTIONS QUI TOUCHENT AUX INTÉRÊTS MORAUX DE LA VICTIME

§ 1ᵉʳ. — **Adultère.**

Le Code pénal ne définit pas l'adultère. Il paraîtrait assez difficile, du reste, de faire rentrer dans une formule les caractères de ce délit, car si en morale l'adultère de la femme et celui du mari peuvent être placé sur la même ligne, au point de vue social leurs conséquences sont loin d'être d'importance égale. — C'est ce point de vue utilitaire que devait envisager le législateur. Aussi a-t-il distingué deux ordres d'adultère : celui de la femme et celui du mari. — Tous deux supposent d'abord le manquement volontaire à la foi conjugale sous la forme de rapports illicites avec une personne d'un sexe différent de celui de

____

(1) Nous laissons en dehors de cette division les crimes et délits des fournisseurs des armées de terre et de mer, dans lesquels l'intérêt de l'État est seul en jeu. Ils sont définis par les art. 430, 433 du Code pénal. Leur poursuite ne peut être introduite que sur la dénonciation du Gouvernement. Le législateur a pensé, en effet, que des poursuites inopportunes pourraient apporter à l'État des dangers considérables. Il s'en remet donc à la prudence des chefs des administrations. Remarquons que, pour ces délits, la forme de la plainte n'a pas été décrite. La jurisprudence n'exige aucune forme : une simple lettre administrative suffirait.

l'époux coupable, mais le législateur met ensuite sur un pied inégal l'un et l'autre des époux. — Pour la femme, ces rapports illicites, ainsi entendus, constituent l'adultère (art. 326); pour le mari il faut en outre que la concubine ait été entretenue dans la maison conjugale (art. 339).

On comprend cette différence, car l'intérêt public n'est pas le même dans les deux cas. — Ne pourrait-on même pas prétendre que l'ordre social n'est aucunement atteint par l'adultère du mari? C'était l'idée des législations anciennes dans lesquelles le délit d'adultère ne pouvait être commis que par la femme. A Rome, notamment, le mari, dont l'adultère n'était réprimé d'aucune façon, était même primitivement le juge du sort de sa femme coupable (1). — De même, dans le droit canonique, ces législations obéissaient à cette idée que l'adultère de la femme pouvait seul troubler la paix de la famille, en y faisant entrer un étranger. — Puissante est sans doute cette considération : c'est même la plus grave que l'on puisse invoquer pour expliquer la répression de l'adultère. Néanmoins, quel que soit celui des époux qui se rende coupable, l'adultère n'est-il pas pour l'autre la violation de la foi conjugale? Ne lui apporte-t-il pas, avec le ridicule, la blessure la plus vive dans ses affections? L'adultère n'est-il pas le germe de la dissolution de la famille? —

(1) V. M. ESMEIN, *Le délit d'adultère à Rome*, Paris, 1878

C'est un vol, a dit Serpillon, de donner à toute une famille des parents et des héritiers que la débauche a fait naître. Ajoutons que c'est aussi un délit que de troubler l'ordre de la famille et par derrière elle la Société, dont la famille n'est que la cellule, comme on l'a dit souvent.

Les peines de l'adultère au point de vue social s'expliquent donc ; mais l'on comprend aussi que ce délit intimement lié à l'ordre privé, ne reçoive que la répression commandée par l'intérêt public, répression inégale, en conséquence, suivant que le coupable sera le mari ou la femme (1). Il faut aussi que la poursuite s'inspire de l'intérêt de la famille, car c'est elle que la loi veut protéger. L'époux offensé sera donc le guide naturel du pouvoir social.

Ces principes nous étaient nécessaires pour bien comprendre les dispositions de la loi au point de vue qui nous occupe. — Nous nous expliquerons facilement pourquoi le législateur a laissé à la victime de ce délit une si grande part dans la poursuite, pourquoi aussi le pouvoir du mari est ici beaucoup plus considérable que le pouvoir de la femme.

Condition de la poursuite de l'adultère. —

L'adultère ne sera poursuivi que sur la plainte de l'époux offensé.

---

(1) La loi civile a mis sur le même rang l'adultère du mari et l'adultère de la femme (art. 229, 230 du C. civ., modifiés par la loi du 27 juillet 1884). Tous deux seront une cause de divorce. En effet, entre époux, l'adultère présente une gravité égale.

L'article 336 du Code pénal vise l'adultère de la femme : *L'adultère de la femme ne pourra être dénoncé que par le mari.*

Article 337. — *La femme convaincue d'adultère subira la peine d'emprisonnement pendant trois mois au moins et deux ans au plus.*

L'article 339 du même Code vise l'adultère du mari : *Le mari qui aura entretenu une concubine dans la maison conjugale et qui aura été convaincu sur la plainte de la femme, sera puni d'une amende de cent francs à deux mille francs.*

Nous voyons que la loi ne condamne le mari qu'à une amende, tandis que la peine de la femme est la peine d'emprisonnement.

Disons aussi que la condition de *l'entretien de la concubine au domicile conjugal*, exigée pour l'adultère du mari, est constitutive du délit : la maison conjugale, ce n'est pas le domicile légal, c'est par exemple une résidence ordinaire du mari, une maison de campagne où les époux vont habiter une partie de l'année, mais non les résidences passagères (1).

Il n'est pas nécessaire que le conjoint se constitue partie civile. Il lui suffit de porter plainte et ensuite le ministère public pourra agir. Tout époux pourra porter plainte, le mineur comme le majeur. Il en est de même pour l'époux interdit, que l'interdiction soit

(1) V. Dijon, 30 mai 1877, D. P., 1879, 2, 216. — Cass., 10 juin 1889, D. P., 1881, 1, 192.

postérieure ou antérieure à la plainte. — On a cependant contesté et on conteste encore cette solution dans le second cas. En effet, a-t-on dit, le mari interdit ne peut se plaindre lui-même et son tuteur ne peut le représenter dans l'exercice d'un droit personnel. — Nous ne pouvons admettre cette solution : le tuteur de l'interdit doit, tout au moins, pouvoir porter plainte. — Ce tuteur représente l'interdit dans tous les actes de la vie civile, et il serait immoral de donner un brevet d'impunité à un coupable, alors que la situation de son époux est digne, avant tout, de la protection de la loi (1).

La plainte étant déposée, avons-nous dit, le ministère public pourra agir. Cependant la liberté du magistrat sera-t-elle complète ? La volonté de la victime n'aura-t-elle plus d'influence sur l'action pénale ? Il paraîtrait peu conforme à l'intérêt de l'époux offensé de lui refuser tout droit d'intervention près du ministère public, surtout au début de la procédure pénale : le scandale qui se produira nécessairement lors du débat public peut être étouffé. L'intérêt de la famille exige qu'il le soit. — Et plus tard, lorsque la procédure pénale suivra son cours, n'est-il pas conforme aussi à cet intérêt de la famille d'accorder à l'époux plaignant le droit de pardonner, d'arrêter la poursuite et même de détruire les effets de la condamnation prononcée ? Le

(1) *Sic* : GARRAUD, *op. cit.*, t. IV, page 551.

législateur a admis la plupart de ces conséquences, la jurisprudence a déclaré les autres. Nous allons les envisager et nous étudierons enfin certaines fins de non recevoir organisées aussi au bénéfice de la femme. .

A. DU DÉSISTEMENT. — La loi pénale est muette sur les effets du désistement de l'époux offensé. Aussi a-t-on prétendu que le désistement ne pouvait arrêter les poursuites du ministère public. M. Favard de Langlade (1) a développé ce système : *Quand l'action du ministère public a été mise en mouvement par la plainte du mari, elle cesse d'être enchaînée, elle ne peut être subordonnée à la volonté ou au caprice du mari. Dès que la plainte a été portée devant le magistrat, la Société doit être satisfaite et elle ne peut l'être que par un jugement définitif rendu sur la plainte en adultère.* Cette opinion paraît bien contraire à l'idée qui inspire la législation de l'adultère, illogique même si on la rapproche de l'article 337 que nous étudierons bientôt et qui permet au mari d'arrêter l'offre de la condamnation prononcée, en consentant à reprendre sa femme. Cependant elle a eu tout d'abord de nombreux partisans (2), et a inspiré plusieurs arrêts de la Cour de cassation (3). M. le conseiller Plougoulin, rapporteur de l'arrêt du 31 août 1855,

(1) F. DE LANGLADE, *Répertoire de législation*, t. III, V° *Minist. public*, 372.
(2) CARNOT, *Comm. C. P., observat. sur l'art. 336 ;* — CHAUVEAU et HÉLIE, *Théorie pénale*, 9° édit., t. IV, p. 319.
(3) Crim. cass., 22 août 1816 et Crim. rej. 30 mars 1832 ; Crim. rej. 31 août 1855, D. P, 65. 1. 377.

refuse au mari le droit de se désister : *Ce serait singulièrement, dit-il, exagérer la part que la loi a prêtée au mari... Il peut annuler la décision rendue, à la condition de reprendre sa femme, mais son droit ne peut aller au-delà.* Il est vrai que ce dernier arrêt, reproduisant cet argument dans ses motifs, se borne dans son dispositif à décider, et le point est constant, que l'exercice de l'action publique n'est pas subordonné au concours du mari.

La solution contraire nous paraît cependant plus conforme à l'esprit de la loi qui a voulu avant tout faciliter les rapprochements entre époux, rétablir la paix dans le ménage troublé. Elle est soutenue par MM. Merlin, Le Sellyer, Garraud, etc... (1), et consacrée par les derniers arrêts (2). Depuis longtemps la jurisprudence belge était établie en ce sens, à la suite d'un arrêt de la cour de Cassation de Liège, du 4 février 1825, conformément d'ailleurs aux principes de l'ancienne législation française, qui permettait au mari de remettre le crime soit avant, soit après l'accusation intentée (3).

Le désistement de l'époux offensé emportera donc extinction de la poursuite, à quelque moment qu'il se

---

(1) MERLIN, *Quest. de droit*, V° *Adultère*, § 5, n° 4 ; — LE SELLYER, n° 2186 ; — GARRAUD, *Précis de droit criminel*, p. 476.

(2) Paris, 11 avril 1850, D. P., 1850, 5, 17 ; — Metz, 18 mars 1858, D. P., 59, 5, 19 ; — Toulouse, 11 avril 1881, D. P., 61, 2, 91 ; — Cass., 1er déc. 1873, D. P., 1874, 1, 345.

(3) En Belgique, l'art. 2 de la loi du 17 avril 1878 permet le désistement en tout état de cause.

produise, pourvu que la condamnation ne soit pas définitive, même en cours d'instance d'appel, suivant le principe *appellatio extinguit judicatum*. — Le désistement sera valable, même si l'époux offensé introduit en même temps une demande en divorce ou en séparation de corps.

Le désistement pourra-t-il être rétracté? La jurisprudence établit sur ce point une distinction. En principe, le désistement d'une plainte en adultère ne peut être retiré, mais si postérieurement il se produit des faits nouveaux, ce désistement n'est pas un obstacle à la nouvelle poursuite. Dans ce cas, les faits anciens, s'ils ne peuvent fonder le jugement, seront tout au moins des éléments à retenir par le juge pour l'application de la peine (1).

Au point de vue de la forme, le désistement sera exprès ou tacite. On a souvent discuté sur les conditions nécessaires au désistement tacite. Faudra-t-il le reconnaître si le mari, durant l'instance correctionnelle, introduit une instance civile ayant sa cause dans l'adultère de la femme? Cette situation se présente dans plusieurs hypothèses. Tout d'abord, le mari peut introduire une demande en séparation de corps ou de divorce pour cause d'adultère, — ou bien une action en désaveu de l'enfant que le mari prétend être le fruit de l'adultère, si la naissance de l'enfant lui a été

---

(1) Bordeaux, 2 août 1850. D. P., 1851, 2, 171; — Paris, 14 juillet 1858, D. P., 1858, 3, 60; — Joursse, *Just. crim.*, t. III, p. 249; — Morin, *Journ. crim.*, art. 6682.

cachée, — ou bien encore une action en révocation de donations par contrat de mariage. Nous ne croyons pas qu'il y ait, dans ces hypothèses, l'indication d'un désistement. Tout au contraire, le mari manifeste ainsi sa volonté de tirer de son articulation d'adultère tous les effets possibles, même les suites civiles.

Ajoutons aussi que, par dérogation à l'article 403 du Code de Pr. civile, le désistement n'aura pas besoin d'être accepté.

Jusqu'ici nous ne nous sommes placés, dans cet examen, qu'au point de vue du mari. De fait, les documents fournis par la jurisprudence lui sont spéciaux. Faut-il en conclure que la femme ne jouit pas de la faculté de se désister de sa plainte? Les partisans de la négative invoquent l'article 337 du Code pénal que nous avons rappelé plus haut, et sur lequel nous reviendrons. Cet article, dit-on, qui autorise le mari à arrêter les effets de la condamnation prononcée contre la femme, ne donne pas le même droit à cette dernière. Par suite, la voie du désistement doit aussi lui être fermée. Nous ne croyons pas que cet argument d'analogie soit décisif. Nous avons vu que le droit de se désister ne résulte pas pour le mari de l'article qu'on invoque, mais surtout de l'esprit de la loi, et il est indifférent que le pouvoir de la femme ne s'étende pas jusqu'à la remise de la condamnation prononcée. Ce point ne fait aucun doute, nous dit M. Garraud (1) et c'est ce

(1) GARRAUD, *loc. cit.*, p. 476.

qu'avait déjà décidé la Cour de Paris dans un arrêt du 11 avril 1850 (1), dans lequel nous relevons les motifs suivants : *Considérant que l'action publique n'étant alors que la conséquence de l'action privée, puisque la conduite immorale du mari est moins un délit contre la Société que contre la femme, il en résulte que le désistement de la femme intervenu avant que le jugement ait acquis l'autorité de la chose jugée, doit, dans l'intérêt des époux, arrêter les poursuites ou faire tomber le jugement.*

Concluons donc que, quel que soit l'époux qui se désiste, la poursuite sera arrêtée contre l'autre : le mari et la femme jouissent du même pouvoir.

Ajoutons enfin, dans un autre ordre d'idées, au point de vue des frais exposés jusqu'au désistement, qu'ils sont laissés à la charge de l'époux qui use de cette faculté.

B. DE LA RÉCONCILIATION. — La réconciliation pourrait rentrer dans le désistement tacite : c'en est une des formes. Cependant son importance pratique est si capitale et ses effets tellement divers, que nous croyons utile de grouper sous ce paragraphe spécial les diverses décisions rendues à ce propos.

C'est en effet la jurisprudence qui organise la réconciliation : elle ne dérive d'aucun texte, ainsi que le désistement, mais de l'esprit de la loi (2).

(1) DALLOZ, 1850, 5, 17.
(2) Metz, 18 mars 1838, D. P., 59, 5, 10; — Paris, 11 avril 1850, D. P., 1850, 5, 17.

Cependant la réconciliation se différencie du désistement. Par définition, le désistement implique nécessairement des poursuites pendantes, et il ne peut être question de désistement avant la plainte. La réconciliation, au contraire, a le champ d'exercice le plus large. Elle peut se produire soit avant la plainte, soit au cours des poursuites, soit après la condamnation prononcée. Dans tous ces cas elle aura pour conséquence de paralyser l'action publique. Dans la première hypothèse, elle l'empêchera de prendre naissance, empruntant ainsi le véritable caractère d'une fin de non-recevoir ; au cours des poursuites, elle aura les effets du désistement ; après la condamnation, ceux d'un véritable pardon.

La réconciliation est question de fait dont la constatation est laissée à l'appréciation du juge. La jurisprudence nous donne de nombreux exemples. Il y a réconciliation lorsque le mari instruit de la faute de sa femme a eu avec elle des relations intimes, lorsque les époux ont bu, mangé et conversé ensemble, sans que la paix du ménage ait été de nouveau troublée, etc...

Quelques situations sont plus délicates. La grossesse de la femme implique-t-elle à elle seule la réconciliation des époux ? D'après les uns, la femme est réputée enceinte des œuvres du mari, en vertu de la présomption légale de paternité qui dérive de l'art. 312 du Code civil : il y aurait donc réconciliation. Les autres soutiennent que cet article 312 qui ne crée cette présomption que dans l'intérêt de l'enfant conçu pendant le mariage, ne saurait être invoqué, en l'espèce, qu'elle n'implique pas la réconciliation des époux.

Sans entrer plus loin dans cet examen d'espèces, disons que la réconciliation, moyen commun au mari et à la femme, s'induit de tous modes de preuves : témoins, lettres ou autres écrits, interrogatoires sur faits et articles, même du serment, soit décisoire, soit déféré d'office par le juge.

C. DE LA GRACE. — Ce moyen est organisé, nous l'avons déjà dit, par l'article 337 du Code pénal : *La femme convaincue d'adultère subira la peine de l'emprisonnement pendant trois mois au moins et deux ans au plus. Le mari restera maître d'arrêter l'effet de cette condamnation en consentant à reprendre sa femme.*

Le droit de grâce réservé au mari est un droit exceptionnel, une dérogation absolue aux règles du droit pénal en matière de grâce. On ne saurait l'étendre au-delà des limites tracées par l'art. 337. Il faut donc décider que la femme ne peut le revendiquer. De là l'importance capitale qu'il y a à déterminer s'il s'agit d'un désistement ou d'une réconciliation, ou bien d'une grâce, puisque les deux moyens seuls sont ouverts à la femme. Chaque fois donc qu'une condamnation aura été prononcée contre le mari pour adultère et que cette condamnation sera définitive, la femme sera dans l'impossibilité absolue d'arrêter les effets de cette condamnation.

Si le mari a ce pouvoir, il est nécessaire qu'il déclare *reprendre sa femme*, suivant les termes de la loi, et ils signifient que le mari devra admettre sa femme à la vie commune. Cette reprise ne doit pas être équivoque : c'est le retour de la femme au domicile conjugal, du consentement exprès du mari.

Remarquons que la grâce n'aura pour conséquence que d'arrêter l'effet de la condamnation prononcée contre la femme. Mais la condamnation subsiste lorsque la peine n'est pas subie (1).

Que faut-il penser de la mort de l'époux offensé, en cours de poursuites ? On a soutenu que la mort de l'époux, après la plainte, arrêtait le cours de la procédure pénale. La Cour de Cassation organisait même sur ce point, dans son ancienne jurisprudence, une théorie complète. Dans le délit d'adultère, suivant la Cour suprême, le concours, exprès ou présumé, du plaignant est nécessaire à toutes les époques de développement de la procédure. En conséquence, ce concours disparaissant, la poursuite est impossible. Au contraire, la mort du mari, une fois la condamnation prononcée, sera sans influence sur cette condamnation, car à ce moment la poursuite est vidée et la femme ne peut obtenir la remise de la peine par ce

(1) Nîmes, 27 novembre 1870. *Gaz. des Trib.* du 21 déc. 1869; — Cf. PARADOS, *Revue critique*, 1880, p. 337.

seul motif qu'elle a perdu la chance d'être graciée. En d'autres termes, la mort de l'époux offensé vaut pour l'autre désistement ou réconciliation, mais on ne peut en induire une grâce (1). Cette distinction ne repose sur aucun principe sérieux, et la Cour de cassation, dans sa dernière jurisprudence, nous donne la vraie solution, avec un arrêt du 6 juin 1863 (2), où nous relevons les motifs suivants : *L'adultère constituant un délit envers l'ordre social, non moins qu'envers le mari, l'action publique une fois éveillée, peut subsister sans le concours du mari, et par conséquent ne peut être arrêtée par son décès ; après avoir dénoncé l'adultère, le mari reste étranger à la poursuite ; l'action en adultère reprend ainsi sa place dans le droit commun.* La mort de l'époux offensé n'a donc aucun effet sur la répression du délit, et à la vérité, l'intérêt du rapprochement des époux n'existe plus et le bénéfice du pardon ou de la grâce n'a plus de base sérieuse.

Des fins de non-recevoir. — Les développements qui précèdent nous conduisent immédiatement à l'examen de certaines dispositions légales qui permettent à l'époux coupable de repousser victorieu-

(1) Cass., 27 septembre 1889 (S., 40, 1, 85).

(2) Cassation, 6 juin 1863, S., 63, 1, 401 ; Sic : Aix, 14 juillet 1876, S., 77, 2, 136 ; — Haus, t. II, n°° 1168 et 1169 ; — Blanche, t. V, n° 182 ; — Garraud, t. IV, p. 553.

ment la plainte de son conjoint. Nous les examinerons rapidement.

1° Une première fin de non recevoir se tire de la combinaison des articles 336 et 339. — Le mari ne peut dénoncer l'adultère de sa femme s'il a lui-même entretenu une concubine au domicile conjugal. Plusieurs conditions sont expressément exigées : 1° il faut que le mari ait entretenu une concubine ; 2° la nécessité de l'entretien au domicile conjugal ; 3° la preuve juridique des deux premières conditions.

Sur ce dernier point, la femme apportera en preuve un jugement de condamnation contre le mari, ou s'il n'y a pas encore eu jugement sur ce point, la plainte de la femme sera préjudicielle à celle du mari. Le tribunal correctionnel tardera à statuer jusqu'au jugement provoqué par la femme. Cette fin de non-recevoir assez singulière, accordée à la femme exclusivement, s'explique assez difficilement. A défaut de meilleures raisons, empruntons celles de l'orateur du Gouvernement lors de la discussion de cette disposition : *Le mari est privé du droit de poursuivre sa femme, s'il a été condamné lui-même pour cause d'adultère, la justice le repousse comme indigne de sa confiance* (1).

Quoi qu'il en soit, les dispositions de l'article 336 sont telles, et elles sont même si générales, que le

(1) Morin, *Journal de Droit criminel*, art. 6127, p. 164 ; — Conf. Cass., 28 février 1850, Dalloz, 50, 1, 45 ; — Cass., 23 mars 1865, Dalloz, 65, 1, 380.

mari condamné pour adultère paraît avoir perdu pour toujours le droit de dénoncer et poursuivre sa femme. La Cour de cassation hésite cependant à donner ainsi à la femme un brevet d'impunité, et dans un arrêt récent (1), elle décide que cette fin de non-recevoir ne peut être opposée par la femme quand la condamnation du mari est ancienne : le délit d'adultère du mari, pour que la femme puisse s'en prévaloir, doit être contemporain de celui de la femme (2).

2° La connivence du mari à la débauche de la femme est-elle une seconde fin de non recevoir ? Dans le droit romain et dans l'ancien droit, le mari était dans ce cas considéré comme indigne. Le projet de Code pénal contient des dispositions semblables dans son article 291, mais, dans cette hypothèse, l'épouse coupable était poursuivie d'office. Ces dispositions furent rejetées par le Conseil d'État (3), par crainte qu'elles ne fussent une cause de scandale et de poursuites inconsidérées.

Le consentement du mari, dans notre législation actuelle, ne peut faire disparaître le délit et sa plainte devra être admise. Mais le tribunal retiendra nécessairement le fait de connivence comme une circonstance de nature à influer sur l'application de la peine. La ques-

(1) Cassation, 29 novembre 1885.
(2) DALLOZ, *J. G.*, supplément, v° *Adultère*, n° 67.
(3) LOCRÉ, t. XXX, p. 393 et suiv. ; — FAUSTIN-HÉLIE, *Instr. crim.*, VII, p. 292, n° 770.

tion est cependant toujours controversée. M. Mangin (1) a soutenu le système contraire, prétendant que si le mari qui favorise la débauche de la femme, n'est plus passible d'aucune peine, il n'en résulte pas qu'il lui soit permis de dénoncer sa femme. Il serait étrange, constate cet auteur, que la réconciliation des époux fût un obstacle à la poursuite, alors que son autorisation à l'adultère ne fût pas une fin de non-recevoir. De même la Cour de Caen s'est prononcée pour les deux opinions dans le courant de la même année (2). Nous croyons cependant qu'il faut revenir à l'application stricte du texte. Tous les arguments contraires à l'opinion que nous soutenons sont plutôt tirés de la morale pure.

Du complice. — Dans l'intention de simplifier l'examen des différentes questions que nous nous sommes posées, nous avons omis jusqu'ici de nous préoccuper des conséquences que peuvent avoir sur le complice les manifestations de la volonté de l'époux offensé, ou les conséquences des exceptions qui peuvent lui être opposées. C'est le moment d'en faire une étude rapide.

Nous voyons que l'article 338 punit le complice de la femme adultère. Le sort du complice est intime-

(1) Mangin, *Action publique*, t. I, n° 185; — Sic : Merlin, *Répert.*, v° *Adult.*, n° 9; — Chauveau et Hélie, t. IV, n° 1467.

(2) Caen, 1er février 1855, Sirey, 56, 2, 315, et Caen, 29 novembre 1855, Dalloz, 56, 2, 298.

ment lié à celui de la femme. La responsabilité de l'un ne peut être agitée sans qu'il soit question de la responsabilité de l'autre. On conçoit donc que, par application de l'idée dominante de l'intérêt de la famille qui commande toute la législation de l'adultère, le ministère public ne puisse pas poursuivre le complice de la femme alors que la plainte du mari n'existerait pas. Poursuivre le complice sans la femme, ce serait cependant mettre cette dernière en cause (1).

Le mari ne pourrait non plus dénoncer seulement le complice, car pas de complice sans auteur principal. Faudrait-il tout au moins supposer la culpabilité de ce dernier que cependant le mari refuse d'établir.

Mais nous nous plaçons dans l'hypothèse où le mari a déposé une plainte contre sa femme et le complice. Que résultera-t-il pour ce dernier des différentes situations que nous avons examinées plus haut ? Tant que dure l'instance, les solutions que peuvent recevoir les poursuites pénales sont identiquement les mêmes pour les deux prévenus. Le désistement comme la réconciliation mettront la femme et le complice à l'abri de toute peine. De même les fins de non recevoir qui profitent à l'un profitent à l'autre : *Dans l'adultère, la réconciliation du mari avec sa femme, en abolissant les poursuites, équivaut à la preuve légale que l'adultère n'a pas été commis, et par une conséquence nécessaire, qu'il n'existe point de coupable de ce délit.*

(1) Cassation, 8 juin 1872, DALLOZ, 1872, 1, 207.

Ainsi les fins de non recevoir tirées du désistement du mari ou de la réconciliation des époux profitent au complice (1).

Le décès de la femme avant le jugement éteint l'action contre le complice. La femme profite, en effet de la présomption d'innocence qui existe pour tout prévenu avant sa condamnation : la condamnation est devenue impossible contre elle et en conséquence contre son complice (2).

Une fois la condamnation prononcée, il n'en est plus de même. Le sort du complice devient indépendant de celui de la femme. Si le mari exerce le droit de grâce, la femme seule en tirera profit.

Mais si le complice est un homme marié, celui-ci pourra-t-il être poursuivi sur la seule plainte de l'époux de la femme adultère sans la plainte de sa propre épouse ? L'article 338 n'établit aucune distinction, et il en résulte que le complice est punissable, marié ou non, sans qu'il y ait lieu de se préoccuper de sa propre femme.

Le Code pénal ne nous parle que du complice de la femme adultère. Que doit-on penser de la concubine complice du mari adultère ? La jurisprudence admet que la concubine du mari adultère est punissable comme complice, en vertu des règles ordinaires de la

----

(1) Cassation. 17 août 1827, *Bull. crim.*, 222.
(2) Cassation. 8 juin 1872. Sir.. 72, 1, 346.

complicité organisées par l'article 59 du Code pénal (1).
Pourra-t-elle être poursuivie sans la plainte de son
mari ? La question est très discutée : *On ne saurait
refuser au mari, qui croit à l'innocence ou au repentir
de sa femme, le pouvoir d'empêcher la continuation
d'une poursuite qui tend à constater que sa femme
est une épouse adultère, d'où résulteraient le trouble
dans la famille, le relâchement du mariage, une
excitation au désordre des enfants, ou bien au mépris
de leur mère. Or, cette considération majeure s'applique à tous les cas d'adultère de la femme, sous
quelque forme qu'il puisse y avoir poursuite, et doit
faire produire au veto du mari son effet légal en toute
hypothèse* (2).

On produit encore d'autres arguments. La poursuite
dirigée dans notre hypothèse contre la concubine
mariée ne produira qu'une condamnation à l'amende.
Or ce résultat, insuffisant en lui-même, par rapport
à l'importance du trouble causé dans la famille, per-
mettra cependant de créer une exception de chose
jugée à la poursuite que le mari peut se décider à
exercer plus tard. Au surplus, ajoute-t-on, qu'importe
à la femme plaignante la condamnation de la complice
de son mari, puisque celui-ci, le principal coupable,

(1) Cass., 15 novembre 1855, DALLOZ, 56, 1, 42 ; — Cass., 28 février 1868,
DALLOZ, 68, 1, 233.
(2) M. MORIN, *Journal du Palais*, n° 76 ; — 1868, 8e : GARRAUD, t. IV,
p. 654, note 22.

n'en sera pas moins puni pour l'entretien d'une concubine au domicile conjugal ?

La Cour de cassation n'a cependant pas consacré ce système (1). La concubine, d'après la jurisprudence, sera punissable comme complice, qu'elle soit mariée ou non, alors même que le mari, loin de se plaindre, protesterait contre la poursuite. Les arguments produits en faveur de ce système ne sont pas sans valeur. Ce n'est pas, dit-on, le délit que la femme a commis en oubliant les obligations qui dérivent de son propre mariage que l'on punit ici, mais bien le délit dont elle s'est rendue coupable en venant troubler le ménage d'une autre femme par des relations adultères avec le mari et dans le domicile même de la femme de ce dernier. Du reste, quand il s'agit de condamner le complice de la femme adultère, l'article 338 ne distingue pas entre le complice marié et celui qui ne l'est pas. Pourquoi en serait-il autrement dans notre hypothèse ?

Puis, si on ne poursuit pas la femme, son nom n'en sera pas moins prononcé à l'audience, puisque le délit ne peut exister vis-à-vis du mari adultère sans le concours d'une concubine. La participation de la concubine ne peut échapper à la publicité. Et la conséquence sera que la concubine échappera au châtiment d'une faute reconnue par la justice, alors qu'elle serait punie, si elle était moins coupable, si elle n'était pas engagée dans les liens du mariage (2).

(1) Cassation, 1868, Dalloz, 68, 1, 233.
(2) Sic : Paris, 20 décembre 1873. D., 75, 2, 72 : — Blanche, t. V, n° 214.

Telle est la doctrine établie définitivement par les cours et tribunaux. Nous ne croyons pas cependant qu'elle s'inspire des vrais principes. L'article 338 est article d'exception. Il est dangereux de lui emprunter un argument d'analogie qui va à l'encontre de l'esprit de la loi générale de l'adultère, dont la base repose sur l'intérêt de la famille. La solution de la jurisprudence, sans prendre souci de ce principe fondamental, oblige le mari à supporter en sa personne et en celle de ses enfants une condamnation dégradante qu'il se refuserait cependant à provoquer.

Cette rapide étude des conditions de la poursuite de l'adultère justifie donc notre proposition, à savoir que le ministère public n'est plus le maître de l'action. Si c'est bien le magistrat qui exerce l'action publique, la partie lésée reste à toutes les périodes de son développement seul juge de l'opportunité de la répression. C'est elle qui l'autorise ou la refuse, consultant avant tout son intérêt privé. Nous ne saurions mieux préciser les pouvoirs de l'époux offensé, au regard de la partie publique, qu'en rappelant avec M. Mangin (1) que si *le mari n'est toujours qu'une partie plaignante, c'est une partie privilégiée, puisque sans lui la poursuite n'aurait pas été exercée, puisqu'il peut, en outre, en arrêter le cours, puisqu'il peut même anéantir les effets des condamnations qu'il a provo-*

(1) Mangin, *Actions publiques*, t. II, p. 110.

quées ; mais à part ces exceptions, il n'est qu'un plaignant, c'est toujours au nom de la Société que les poursuites sont dirigées ».

§ II. — Rapt de l'article 357.

Le rapt, dont nous n'avons pas à rappeler ici la législation est, comme on le sait, l'enlèvement de mineurs dans une intention criminelle. Il revêt différentes formes et présente plusieurs espèces.

A propos de l'une d'elles, ou plutôt en ce qui concerne la répression d'une forme de rapt, notre Code pénal paralyse le droit de poursuite du ministère public. Son initiative est subordonnée à certaines conditions tirées, elles aussi, comme en matière d'adultère, de l'intérêt de la famille.

Nous abordons immédiatement l'étude de ce cas particulier qui nous est fourni par l'article 357 du Code pénal : *Dans le cas où le ravisseur aurait épousé la fille qu'il a enlevée, il ne pourra être poursuivi que sur la plainte des personnes qui, d'après le Code civil, ont le droit de demander la nullité du mariage, ni condamné qu'après que la nullité du mariage aura été prononcée.* Le texte établit nettement l'hypothèse. Une fille mineure a été enlevée et son ravisseur l'a épousée ; dans ce cas le ministère public ne pourra penser à la répression que sous deux conditions : 1° l'annulation du mariage prononcée par les tribunnux civils ; 2° une plainte déposée par les personnes qui ont droit de demander cette annulation.

Remarquons que l'initiative ordinaire du ministère public n'est entravée que dans les limites strictement tracées par l'article 357. C'est ainsi par exemple que le ministère public pourra agir d'office dans le cas d'enlèvement de mineur du sexe masculin, par une fille que ce mineur aurait ensuite épousée.

Mais, s'il s'agit d'une fille, peu importe le moyen d'enlèvement employé, violence ou séduction.

Le sort du coupable, explique l'orateur du Gouvernement (1), *dépend du parti que prendront ceux qui ont le droit de demander la nullité du mariage. S'ils ne la demandent pas, la poursuite du crime ne peut avoir lieu. Autrement la peine qui serait prononcée contre le coupable rejaillirait sur la personne dont il a abusé et qui, victime innocente de la faute de son époux, serait réduite à partager sa honte. Sans doute l'intérêt de la Société est qu'aucun crime ne reste impuni, mais dès que le mariage n'est pas attaqué, il y a un intérêt social plus grand encore à ne pas sacrifier à la vindicte publique le bonheur d'une famille entière.*

1re *Condition.* — **Annulation du mariage.** — La demande en nullité de mariage forme une condition

(1) LOCRÉ, t. XXX, p. 485.

nécessaire à la poursuite, et il ne suffirait pas que cette demande eût été formulée, pour qu'il soit statué sur la poursuite, car *il serait possible qu'à l'époque où l'action en nullité serait intentée, il existât une fin de non-recevoir contre les parents, soit parce qu'ils auraient expressément ou tacitement approuvé le mariage, soit parce qu'il se serait écoulé une année sans réclamation de leur part depuis qu'ils ont eu connaissance du mariage* (C. civil, art. 183) (1). Il est nécessaire que l'annulation soit prononcée.

Les personnes qui peuvent demander la nullité sont : celui des époux dont le consentement n'a pas été libre, les parents dont le consentement était nécessaire au mariage, aussi bien les parents du ravisseur que ceux de la fille enlevée, le ministère public lui-même, dans certains cas, ceux où l'ordre social est intéressé : inceste, bigamie, etc...

2ᵉ Condition. — **Plainte.** — Le mariage étant annulé, la plainte intervient pour permettre au ministère public d'agir. Si la plainte est portée avant l'annulation du mariage, la poursuite ne pourra avoir lieu qu'après la solution de cette question préjudicielle. Cependant, à prendre à la lettre l'article 357, il semblerait que, même avant l'annulation du mariage, la plainte emportât quelques effets. Le texte ne dit-il pas

______

(1) Rapport, LOCRÉ, t. XXX, p. 485 et s.

que : *Le ravisseur ne pourra être poursuivi que sur la plainte..... ni condamné qu'après que la nullité aura été prononcée ?* Il résulterait de cette rédaction que la poursuite pourrait être introduite après la plainte seule ; le jugement ne serait rendu qu'ensuite de l'annulation du mariage. Nous devons repousser cette interprétation. L'action publique n'a de sens que si elle tend à l'application d'une peine, et l'on ne conçoit pas des poursuites vouées nécessairement à l'inutilité. Au surplus, les travaux préparatoires démontrent que la pensée du législateur est bien celle que nous adoptons (1). L'annulation du mariage est donc une condition nécessaire non seulement au jugement de l'action publique, mais encore à son exercice.

Qui peut déposer la plainte ? Ce ne sont pas assurément toutes les personnes qui peuvent provoquer l'annulation du mariage. En effet, ce mariage peut porter atteinte aux droits de deux familles ou troubler l'ordre public ; s'il est naturel que le mariage puisse être annulé à la demande de la famille du ravisseur qui n'y a pas consenti, ou à la demande du magistrat chargé de l'ordre public, le rapt ne lèse que la mineure enlevée et sa famille. Ces derniers pourront seuls porter plainte. Le ministère public aura aussi le droit de plainte qui pour lui se résout au droit de poursuite d'office, lorsqu'il aura provoqué l'annulation

(1) Conf. CHAUVEAU et HÉLIE, t. IV, n° 1757.

dans les cas où l'ordre public est intéressé, par suite *d'offense faite à la loi*, suivant les paroles de l'orateur du Gouvernement.

La plainte, selon nous, est exigée par la loi d'une manière absolue, aussi bien qu'en matière d'adultère, le ministère public devra l'attendre pour agir ; on verra son action suspendue si la plainte n'est pas réalisée. M. Mangin (1) n'accepte pas cette condition. Pour lui, c'est le mariage qui est l'obstacle à la poursuite, et si le mariage est annulé, la plainte de la partie lésée ou de sa famille n'est pas nécessaire, car le ministère public se trouve alors en présence d'un simple rapt sans mariage consécutif soumis à la répression normale. Cependant, que devient dans ce système l'article 357 avec ses deux conditions formelles ? Le législateur a entendu distinguer du rapt ordinaire le rapt suivi de mariage. Pour ce dernier, la poursuite est subordonnée à une double condition, exigée cumulativement : l'annulation du mariage et la plainte. L'initiative du plaignant s'explique fort bien : même après l'annulation du mariage, la famille ne peut-elle pas avoir un légitime souci de l'enlèvement dont elle songe à amoindrir les suites fâcheuses. Ne serait-elle pas encore exposée au retentissement du procès criminel qu'on lui impose, à voir s'augmenter le déshonneur qu'elle cherche à cacher ? Pour la famille de la mineure enlevée, la seule consolation peut être l'oubli :

(1) MANGIN, *Action publique*, t. 1, n° 115.

c'est à elle seule qu'il appartient de juger de l'opportunité d'une poursuite (1).

Pour les mêmes raisons qu'en cas d'adultère, l'exception que le ravisseur tirera de l'article 357 pourra aussi être invoquée par ses complices. Les poursuites contre eux auraient les mêmes inconvénients que celles qui seraient dirigées imprudemment contre le mineur. Cette opinion est généralement admise par les auteurs (2) et est consacrée par la jurisprudence depuis un arrêt décisif du 2 octobre 1852 dans lequel la Cour de cassation rappelle excellemment les principes : *Attendu que cette exception n'est point une excuse personnelle au ravisseur ; que c'est le mariage même contracté à la suite du rapt que la loi a voulu protéger, puisqu'elle ne permet l'exercice de l'action criminelle qu'après que la nullité du mariage a été prononcée ; que cette disposition s'applique non seulement à l'auteur principal, puisque toute poursuite du fait qui a précédé le mariage, même restreinte aux seuls complices, aurait pour résultat nécessaire d'affaiblir le respect qui lui est dû et de porter le trouble dans la famille ; que la loi, dans une vue d'ordre général, a subordonné dans cette circonstance, l'intérêt de la répression du crime à l'intérêt de la stabilité et de l'union de la famille....*

(1) Le désistement de la plainte, en matière de rapt, ne peut avoir d'effet sur l'action publique. Aucun texte, ni aucun raisonnement ne permet au plaignant d'arrêter la poursuite commencée.

(2) CHAUVEAU et HÉLIE, t. IV, n° 1758 ; — BLANCHE, t. V, n° 324.

§ III. — Injures et diffamations.

La législation pénale voit dans la dignité, la considération, l'honneur d'une personne, un patrimoine sacré, digne de sa protection. Elle décide à juste titre que toute atteinte portée à ses biens aura le caractère d'une infraction, qualifiée différemment suivant les circonstances où cette atteinte se produit et la personnalité de ceux qui la subissent.

Mais, si la tranquillité publique est intéressée à la répression des offenses ou outrages à l'honneur des citoyens, ceux-ci ne sont-ils pas les meilleurs gardiens de leur honneur et les seuls juges de l'utilité d'une répression ? Le ministère public ne doit pas pouvoir engager, malgré elle, la victime dans un débat où le triomphe la satisfera quelquefois moins que le dédain de l'injure.

Une codification complète de ces délits particuliers tirés de la protection de l'honneur, nous est donnée par la loi du 22 juillet 1881, loi sur la presse, qui s'inspire sur plusieurs points et spécialement sur ceux qui nous occupent ici, de la loi du 17 mai 1819.

C'est de cette dernière loi que sont tirées les définitions précises de l'injure et la diffamation, que nous trouvons reproduites dans la loi nouvelle. *Toute expression outrageante, terme de mépris ou invective qui ne renferme l'imputation d'aucun fait, est une injure* (art. 29, § 2).

Toute allégation ou imputation d'un fait qui porte atteinte à l'honneur ou à la considération de la personne ou du corps auquel le fait est imputé, est une diffamation.

L'élément de gravité prédominant de l'injure et la diffamation consiste dans la publicité, et voilà pourquoi on comprend que ces délits aient été prévus et réprimés dans une loi sur la presse.

En dehors de l'injure et de la diffamation, la loi prévoit encore l'offense, qu'elle ne définit pas, mais qui embrasse non seulement l'injure et la diffamation, mais tous faits qui peuvent être considérés comme portant atteinte à la dignité de certaines personnalités, qui, par leurs fonctions ou leur naissance, méritent une considération particulière. Ce sont : le chef de l'Etat, les souverains ou chefs des gouvernements étrangers, agents diplomatiques, ambassadeurs, ministres plénipotentiaires (art. 26 et 36).

Rappelons que des faits qualifiés *outrages* sont prévus par l'article 222 du Code pénal. Les outrages sont tous termes ou marques de mépris à l'adresse des magistrats de l'ordre administratif ou judiciaire.

En outre, une loi du 11 juin 1887 réprime certaines diffamations et injures, commises au moyen des correspondances postales ou télégraphiques circulant à découvert (1).

(1) DALLOZ, P., 1887, 4, 53.

Ces dispositions étant établies, la question qui se pose pour nous est la suivante : dès qu'un délit d'injure, de diffamation ou d'offense aura été commis, le ministère public va-t-il pouvoir engager les poursuites ?

Le cas d'offense ne nous retiendra pas. L'article 47 de la loi, § 5, décide que la poursuite aura lieu, soit à la requête des personnes offensées, soit d'office, sur leur demande adressée au ministre des Affaires étrangères et par celui-ci au ministre de la Justice.

C'est à propos de l'injure et de la diffamation proprement dites que l'action du ministère public est réellement entravée.

Lorsque l'injure ou la diffamation s'adresse à des Cours ou Tribunaux, ou à des corps constitués dont l'existence est permanente, la poursuite n'aura lieu que sur une délibération prise par eux en assemblée générale et requérant les poursuites, ou, si le corps n'a pas d'assemblée générale, sur la plainte du chef de corps ou du ministre duquel ce corps relève (art. 47, § 1er).

Si la diffamation ou l'injure est dirigée contre un membre de l'une ou l'autre Chambre, le ministère public ne pourra agir si la victime ne dépose pas personnellement une plainte (art. 47, § 2).

Les fonctionnaires ou dépositaires de la force publique doivent aussi autoriser les poursuites par leur plainte, mais leur liberté n'est cependant pas absolue, car le ministre dont ils relèvent pourra porter plainte en leur nom, s'ils gardent le silence (art. 47, § 3). Cette exception se comprend ; la répression dans ce cas n'intéresse pas seulement ces fonctionnaires, mais aussi l'ensemble des services publics. C'est une innovation très légitime de la loi de 1881.

Quant aux particuliers, l'article 60 de la loi leur laisse la liberté la plus complète. Quelle que soit l'importance de l'injure ou de la diffamation, quel que soit le retentissement causé dans l'opinion publique, eux seuls sont considérés comme les gardiens de leur honneur, et le ministère public aura son initiative paralysée si les particuliers lésés ne se décident pas à le saisir par une plainte.

Cette plainte, ainsi que nous l'avons vu dans la partie générale de ce chapitre, n'est assujettie à aucune forme particulière. Il suffit qu'elle énonce clairement les faits sur lesquels elle se base, au contraire des prescriptions de la loi du 26 mai 1819 (1), qui exigeait, à peine de nullité, la qualification du fait incriminé. Il n'y aurait pas cependant plainte suffisamment déterminée, ni intention formelle dans le fait que la partie lésée aurait formé une action en dommages-intérêts devant la juridiction civile. Il faudrait, au contraire, considérer comme plainte pouvant mettre l'action publique en mouvement, la plainte formulée dans une déclaration faite par la partie dif-

____

(1) Art. 6 ; DALLOZ, J. G. Presse, Outrage, p. 407.

famée à un brigadier de gendarmerie, qui en aurait dressé procès-verbal et l'aurait ensuite envoyée au parquet (1).

En l'absence d'une plainte de la partie lésée, la poursuite et la condamnation sont nulles. C'est ainsi qu'il a été décidé que s'il est démontré au cours des débats que le plaignant s'est lui-même rendu coupable de diffamation ou d'injure envers le prévenu, le ministère public ne peut requérir, de ce fait, aucune condamnation contre le plaignant, en l'absence d'une plainte du prévenu (2). Cette nullité est d'ordre public, et par suite elle doit être relevée d'office (3), le prévenu peut s'en prévaloir en tout état de cause, en appel ou en cassation (4).

La plainte formée, le ministère public a toute liberté d'appréciation. Il peut agir ou classer la plainte, sans suite. Dans ce cas, la partie lésée n'aurait comme ressource que la voie de la citation directe.

La partie lésée peut-elle se désister de sa plainte en cours d'instance ? L'article 60, *in fine*, répond affirmativement et tranche ainsi la controverse que faisait naître sur ce point l'ancienne législation.

Le désistement du plaignant, même sur l'appel du prévenu, arrête les poursuites commencées et ne permet plus à la cour de prononcer une condam-

---

(1) Cass., 20 mai 1845, D. P., 46, 1, 152.
(2) Cass., 11 octobre 1827, J. G. de DALLOZ, *Presse; Outrage*, n° 1072.
(3) Aix, 3 mai 1867, D. P., 67, 5, 326.
(4) Cass., 20 avril 1867, D. P., 67, 1, 462.

nation (1). Cependant, aujourd'hui encore, le désistement ne pourra produire d'effet sur l'action publique que quand il s'agit de diffamations et d'injures contre les particuliers. En effet, le désistement n'est prévu qu'à l'article 60 ; la dérogation que cet article organise aux règles générales d'indépendance du ministère public ne saurait être étendue au delà des cas qu'il vise. Il en résulte qu'en face des délits de diffamation et d'injure prévus aux articles 30 et 31 de la loi, c'est-à-dire les diffamations et injures contre les corps constitués et fonctionnaires, la plainte ne peut être rétractée. Ces délits sont d'ailleurs soumis à la Cour d'assises (art. 45), et l'article 47 garde le silence sur le désistement de la plainte ou de la réquisition qui en ont provoqué la poursuite devant cette juridiction. C'est ce qu'a décidé formellement la Cour de cassation, dans un arrêt du 2 avril 1896, après un arrêt de la Cour d'assises de l'Yonne en date du 26 février 1896, qui rappelle que la règle de l'article 4 du Code d'instruction criminelle doit être suivie, même quand l'action publique est subordonnée à une plainte préalable de la partie lésée, hors le cas de l'article 60 de la loi de 1881 exclusivement applicable en police correctionnelle ou devant le tribunal de simple police (2).

(1) Crim. cass., 3 juillet 1885, DALLOZ, P., 80, 1, 477 ; — D. BARBIER, Complément expliqué du Code de la Presse, n° 967 bis, 153.
(2) Cass., 2 avril 1896, D. P., 1896, 1, 439.

Dans le cas où le désistement est admis, la plainte pourrait être aussi l'objet d'une renonciation, dont l'interprétation comme telle est laissée à l'arbitrage du juge. Par exemple, il n'y aurait pas renonciation dans le fait que la personne diffamée aurait bu et mangé avec son diffamateur chez un tiers. Au contraire, la transaction sur les intérêts civils intervenue entre la partie lésée et le diffamateur pourrait être retenue comme une renonciation (1).

SECTION II

DES INFRACTIONS QUI TOUCHENT AUX INTÉRÊTS PÉCUNIAIRES DE LA VICTIME.

§ Ier. — Chasse sur le terrain d'autrui.

La loi du 3 mai 1844, sur la chasse, laisse en principe la poursuite des délits qu'elle prévoit, aux mains du ministère public. Tels la chasse sans permis, en temps prohibé, avec engins prohibés.

A cette règle générale, elle apporte une exception considérable quand le fait de chasse autorisé par les lois et réglements a été accompli sur le terrain d'autrui, sans le consentement du propriétaire de ce terrain. L'État, en effet, ne peut pas, en accordant le droit de chasse, porter atteinte à la propriété des particuliers.

(1) DALLOZ, J. G. Presse : Outrage.

L'autorisation qu'il délivre ne vaudra que sauf le consentement du propriétaire des terrains sur lesquels s'exerce le fait de chasse. Mais ce délit particulier, qui consiste dans la lésion d'un droit de propriété, est plutôt d'ordre privé que d'ordre public. Si le propriétaire ne se plaint pas, aucun trouble appréciable ne se manifeste dans l'ordre social et il était naturel de laisser à la partie lésée le soin de défendre ses intérêts seuls en jeu. C'est dans cet esprit qu'a été rédigé l'art. 26 de la loi qui nous occupe. Il édicte, dans son paragraphe 2, que : *Dans le cas de chasse sur le terrain d'autrui, sans le consentement du propriétaire, la poursuite d'office ne pourra être exercée par le ministère public sans une plainte de la partie intéressée, qu'autant que le délit aura été commis dans un terrain clos, suivant les termes de l'article 2, et attenant à une habitation, ou sur des terres non encore dépouillées de leurs fruits.*

Le domaine d'application de cette exception est facile à préciser. Il ne s'étend pas au-delà du droit de propriété, abstraction faite de toute règle d'ordre général. C'est ainsi que le ministère public a tous ses droits réservés, en l'absence de la plainte du propriétaire, lorsque le délit a été commis par violation d'un règlement sur la police ordinaire de la chasse, sans permis, par exemple, ou en temps prohibé. L'absence de plainte du propriétaire ne saurait empêcher l'initiative du ministère public dans des cas semblables.

11

Et même, toutes conditions légales observées, il existe des exceptions qui autorisent le magistrat à agir sans l'intervention de la partie lésée : 1° quand la chasse a eu lieu sur un terrain clos et attenant à une habitation ; 2° sur des terres non encore dépouillées de leurs fruits ou ensemencées (1). Ces exceptions tirent leur base d'une présomption de chasse sans autorisation du propriétaire, et aussi s'expliquent par une idée d'intérêt général qui a été développée lors de la discussion de la loi : *Pourquoi l'intérêt public ne demanderait-il pas la conservation des récoltes tout aussi bien que la conservation du gibier ? Il y a des dispositions du Code pénal qui prononcent des peines contre ceux qui détruisent les récoltes; dans ce cas le ministère public agit d'office. C'est donc une espèce de privilége qu'on accorderait aux chasseurs : ils pourraient détruire les récoltes. Lorsqu'un individu chasse sur un champ qui n'est pas le sien, qui est ensemencé ou porte une récolte, et qu'il cause un dommage, il y a là quelque chose qui blesse l'ordre public, il y a quelque chose qui est sous la protection*

---

(1) Il est de jurisprudence que les terres ensemencées doivent être assimilées aux terres non encore dépouillées de leurs fruits, bien que les mots « terres ensemencées » ne se trouvent pas dans la loi. La Cour de cassation déclare, du reste, que c'est une question de fait que celle de savoir si le terrain est ou non dépouillé de ses fruits, et que le chasseur peut être poursuivi chaque fois que le propriétaire a éprouvé un dommage dans la production du sol, par le passage des chasseurs : — Cassation, DALLOZ, 64, 1, 501.

des magistrats chargés de surveiller les droits de tous (1).

Ces dispositions s'expliquent donc fort bien. Du reste, comme nous l'avons dit, nous sommes ici en présence de circonstances tellement spéciales que la présomption naturelle est celle d'absence du consentement du propriétaire, ou de l'ignorance où il se trouve des faits dommageables accomplis sur son bien. Mais cette présomption serait détruite et l'action du ministère public anéantie si le prévenu justifiait qu'il avait agi avec le consentement du propriétaire. Cette conséquence est forcée, car la propriété est un bien dont personne ne peut être plus soucieux que le propriétaire lui-même. Il faut néanmoins que l'autorisation produite soit antérieure ou concomitante aux faits de chasse incriminés, car il n'appartient pas aux particuliers de créer ou de supprimer à leur gré les caractères délictuels d'un acte (2).

Nous avons ainsi réduit l'hypothèse que nous examinons à ses limites exactes, et nous avons dit que la plainte de la partie lésée était la condition de la poursuite du délit. Cette plainte sera rédigée dans la forme ordinaire. Une simple lettre suffira comme toujours. La simple remise du procès-verbal constatant le délit, entre les mains du ministère public, pourra même parfois valoir comme plainte. Cette

(1) *Moniteur*, 3 mars 1844, p. 772.
(2) Cass., 3 mars 1855, D. P., 55, 1, 102.

solution a été contestée, mais la jurisprudence est fixée aujourd'hui en établissant la distinction suivante : Si la remise du procès-verbal au Parquet est opérée par le garde particulier qui l'a rédigée, sans aucune intervention de la partie intéressée qui l'a commissionné, cette remise n'équivaut pas à une plainte et n'autorise pas le ministère public à introduire une poursuite (1) ; si, au contraire, c'est le propriétaire lui-même qui remet la plainte, on admet que cette remise équivaut à une plainte (2).

Par qui la plainte pourra-t-elle être rédigée ? Par le propriétaire tout d'abord, par l'usufruitier, par le possesseur, par l'emphytéote, par les concessionnaires du droit de chasse. Le fermier du sol a-t-il qualité pour ce faire ? La question de savoir si le fermier des terres jouit implicitement du droit de chasse est vivement controversée : nous ne l'aborderons pas dans cette étude, mais la solution que nous cherchons n'est pas liée certainement à la première. Le fermier peut ne pas jouir du droit de chasse et être cependant bien fondé à poursuivre un délit de chasse commis sans autorisation sur les terres qu'il exploite. D'après les uns, le droit de plainte étant accordé aux parties lésées, aux parties intéressées, le fermier est naturellement autorisé à revendiquer ce droit, puisqu'il est

(1) Alger, 27 décembre 1876, R. F., t. IX, n° 17 ; — Tribunal corr. de Cholet, 27 octobre 1880, *Journ. du minist. public*, 1881, p. 9, art. 2456 ; — Giraudeau, n° 1067 ; — Leblond, n° 535.

(2) Besançon 4 janvier 1844, D. P., 45, 4, 77 et les décisions ci-dessus.

intéressé à faire réprimer toute atteinte portée à ses ensemencements, à ses récoltes, à ses clôtures (1). D'autres, au contraire, refusent au fermier le droit de plainte, comme n'ayant pas qualité, puisque la chasse ne lui appartient pas (2). Si le fait de chasse a causé un préjudice à ses récoltes, il pourra, aux termes de l'arrêt de Cassation du 5 avril 1866, *demander la répression du fait dommageable à la juridiction compétente pour en connaître, mais il ne peut puiser dans l'article 26 de la loi sur la chasse, l'autorisation de saisir le tribunal correctionnel et de le mettre en demeure de prononcer la peine du délit de chasse, délit qui ne lèse que le propriétaire.* Nous croyons cette doctrine nouvelle de la Cour de cassation plus conforme aux principes suivant l'adage : *pas d'intérêt pas de droit.*

La plainte déposée, le ministère public retrouve tout son empire. Son initiative étant paralysée, le droit d'action lui est rendu, et il le garde dans toute sa plénitude.

Nous ne verrons plus ici la volonté du plaignant se manifester au cours de l'instance comme dans les précédents délits que nous avons étudiés, tout au moins comme dans le délit d'adultère et de diffamation ou injure contre les particuliers. Aucun désis-

(1) Cass., 4 juillet 1845, D. P., 1845, 1, 331.
(2) Cass., 5 avril 1866, D. P., 1866, 1, 411 : — Caen, 6 déc. 1871, D. P., 1872, 5, 68.

tement, aucune renonciation émanant du plaignant n'apportera d'entrave à l'action en cours (1). Il a été décidé même que le ministère public peut interjeter appel du jugement rendu sur la plainte du propriétaire, bien que celui-ci acquiesce à ce jugement (2).

§ II. — Pêche.

Nous arrivons avec ce paragraphe à une hypothèse voisine de la précédente. Comme en matière de chasse, la pêche exercée par les moyens légaux peut-elle prendre un caractère délictuel particulier lorsqu'elle est exercée dans les eaux des particuliers sans le consentement de ceux-ci, et les délinquants ne peuvent-ils être poursuivis que sur la plainte de la partie lésée ?

La loi du 15 avril 1829 reconnaît que dans les rivières non navigables ni flottables, le droit de pêche est un accessoire de la propriété riveraine au profit des riverains. Ce point n'est pas discuté. Bien vive, au contraire, est la discussion qui s'engage sur la seconde partie de la question que nous nous posons : la poursuite du délit de pêche est-elle subordonnée à la plainte du riverain ?

Antérieurement à la loi de 1829, les auteurs étaient d'accord pour résoudre cette question par l'affirmative, en conformité des dispositions appliquées en matière

(1) Cass., 13 déc. 1855, D. P., 1856, 1, 444 ; — Dijon, 15 janvier 1873, D. P., 1874, 2, 92.
(2) Cass., 31 juillet 1830.

de chasse. La Cour de cassation avait consacré ce système par un arrêt de 1807 (1).

La loi de 1829 ne contient rien de précis à ce sujet. Les textes mêmes de différents articles paraissent contradictoires. Les partisans de l'initiative absolue du ministère public parmi lesquels des auteurs considérables comme MM. F. Hélie, Le Sellyer, Ortolan (2), invoquent à l'appui de leur opinion l'article 36 de la loi, qui établit d'une façon générale que *le gouvernement exerce la surveillance et la police de la pêche dans l'intérêt général*, et plus loin, § 2, *in fine : Les agents spéciaux (institués par le gouvernement) exerceront conjointement avec les officiers du ministère public, toutes les poursuites et actions en réparation de ces délits ; § 3 : Ils transmettront leurs procès-verbaux au Procureur du roi*. Or, nous dit-on, la Chambre des Pairs avait pensé que les procès-verbaux des infractions portant atteinte aux droits de pêche appartenant à des particuliers devaient être remis aux parties intéressées. La conséquence nécessaire dans ce système, c'est que la poursuite ne pouvait être introduite qu'autant que les parties intéressées à la répression voulaient tirer l'application pénale de ces procès-verbaux qui leur étaient remis. Dans la discussion de la loi, au contraire, on proposa de substituer aux mots

(1) Cass., 5 février 1807, S., t. VIII, p. 74.
(2) Faustin-Hélie, *Instr. crim.*, vol. II, nos 817-818; — Le Sellyer, *Action publique*; — Ortolan, *Droit pénal*, no 1735.

parties intéressées, les mots *procureur du roi*, et l'article fut voté dans ces termes, ce qui signifie bien que le procureur a le droit de poursuivre les délits de pêche commis au préjudice des propriétaires riverains sans plainte préalable de ces derniers, puisque le § 2 de l'article ne laisse qu'au ministère public le soin de poursuivre ces infractions.

Cet argument n'est pas décisif. La modification introduite dans la discussion n'a eu qu'un sens, celui de mettre en harmonie l'article 36 de la loi avec un article 70 du projet qui fut rejeté, parce que, disait le Commissaire du gouvernement à la Chambre des Pairs : *La Chambre des députés a pensé qu'à l'égard de la pêche, comme à l'égard de la chasse, les particuliers doivent demeurer libres de dénoncer les délits pour lesquels la loi leur donne une action directe.*

La discussion de la loi, à propos même de l'article qu'on oppose, vient donc soutenir l'opinion que nous proposons, à savoir que la loi de 1829 a confirmé la doctrine existante. Au surplus, au cours des travaux préparatoires, il fut même déclaré par M. de Malleville que : *La réparation des délits qui ne portent préjudice qu'aux particuliers ne doit être poursuivie qu'en leur nom, et le ministère public ne doit figurer dans les procès qui en sont la suite que comme partie jointe pour requérir, s'il y a lieu, l'application de la peine* (1).

(1) *Moniteur* du 27 avril 1828, p. 205.

En second lieu, les textes eux-mêmes n'indiquent-ils pas que le ministère public doit attendre la plainte de la partie lésée ! En effet, aux termes de l'article 65 : *Les délits qui portent préjudice aux fermiers de pêche, aux porteurs de licences et aux propriétaires riverains seront constatés par leurs gardes, lesquels seront assimilés aux gardes-bois des particuliers.* Puis, l'article 67 ajoute : *Les poursuites et actions seront exercées au nom et à la diligence des parties intéressées.* Concluons donc qu'ici encore la plainte des particuliers est la condition nécessaire à l'exercice de l'action publique (1).

§ III. — Contrefaçon industrielle.

Un texte formel régit la matière. C'est l'article 45 de la loi du 5 juillet 1844 : *L'action correctionnelle pour l'application des peines ne pourra être exercée par le ministère public que sur la plainte de la partie lésée.*

Nous n'avons pas à rappeler les principes de la loi de 1844 sur les brevets d'invention, ni à entrer dans les détails de ses dispositions. Nous savons que le législateur protège aussi bien la propriété sur les œuvres de l'intelligence que la propriété sur les choses, par des dispositions pénales. La loi de 1844 vise la propriété industrielle et assure à l'inventeur le droit

(2) *Sic*: MANGIN, *Action publ.*, t. I, n° 159; — HAUS, *Pr. Dr. pénal belge*, n° 1109; — GARRAUD, *P. Dr. crim.*, p. 465.

de profiter seul, pendant quinze ans, du fruit de son travail. L'atteinte portée à ses droits sera sanctionnée tantôt par une amende, tantôt même par une peine d'emprisonnement en cas de récidive (art. 40 à 43), car l'inventeur subit par cette atteinte un véritable vol.

Il nous suffit de nous en tenir à la disposition de l'article 45, qui soumet la poursuite à l'initiative de la partie lésée (1). Si le législateur déroge encore ici aux principes, c'est qu'il a pensé que le délit de contrefaçon présente dans sa constatation des difficultés particulières, liées à la nécessité de connaissances pratiques qui échappent à la compétence du magistrat. Là peut-être plus qu'ailleurs la partie publique aurait risqué de se lancer dans des poursuites inconsidérées. Peut-être aussi a-t-il songé que les progrès incessants de la vie industrielle auraient imposé au magistrat une tâche à laquelle son activité n'eût pu suffire.

Quoi qu'il en soit, cette règle ne souffre aucune discussion. Les partis ne se forment que sur la question du désistement que nous trouvons toujours liée à celle du dépôt de la plainte. Quel effet peut produire le désistement sur l'action publique ? Pour les uns, le désistement arrêterait l'action en cours. Cette solution est d'autant plus fondée, dit-on, qu'en dehors de toute argumentation tirée du caractère spécial de la matière,

---

(1) En matière de contrefaçon de la propriété artistique et littéraire, aucune condition n'est imposée à la poursuite. Le droit d'action du ministère public reste entier (art. 425 et 429 du C. pén.).

dans laquelle l'atteinte au droit privé n'a qu'un retentissement relatif sur l'ordre social, les textes mêmes l'indiquent. En effet, l'article 45 nous parle d'*exercice de l'action publique* et non de *mise en mouvement*. Il faut donc que la volonté de poursuivre soit persistante chez la partie lésée (1). Nous ne croyons pas cependant que cette doctrine soit exacte. D'abord on y fait bon marché des intérêts du commerce et de l'industrie, où la propriété doit conserver là aussi son caractère inviolable et sacré, et ensuite l'argument tiré du texte n'a pas la portée qu'on veut bien lui donner. L'expression *exercice de l'action publique* comprend en effet les différentes opérations à partir de la constatation du délit jusqu'à la prononciation de la peine, mais ce sens purement exact n'est pas toujours celui qu'elle reçoit du législateur. Souvent cette expression est confondue avec *la mise en mouvement*. Une erreur de terme ne peut créer une théorie de droit. D'ailleurs la dérogation au droit commun ne saurait être étendue sans texte ou raison formelle. C'est ce qu'a décidé la jurisprudence dans de nombreuses décisions : l'action publique, étant introduite, suivra définitivement son cours (2).

(1) RENOUARD, *Traité des Brevets d'invention*, n° 223; — BLANC, *l'Inventeur breveté*, p. 638; — SÉBASNY, *Brevets d'invention*, n° 339.

(2) Cassation, 2 juillet 1853, D. P., 54, 1, 366; — Paris, 3 avril 1875, D. P., 1876, 2, 192; — Sic: BÉDARRIDE, *Brevets d'invention*, n° 630; — BÉDARRIDE, *Marques de fabrique*, n° 546. — POUILLET, *Brevets d'invention*, n° 748 et suivants.

CHAPITRE IV

LES PARTICULIERS PARTICIPENT A L'EXERCICE PROPREMENT DIT DE L'ACTION PUBLIQUE

Le chapitre que nous abordons nous conduit à l'examen d'exceptions plus profondes encore au principe général de notre droit criminel sur l'exercice de l'action publique. Jusqu'ici nous avons toujours admis que cet exercice, conformément à l'article 1er du Code d'Instruction criminelle, appartenait exclusivement aux magistrats du ministère public, alors que les particuliers ne pouvaient avoir d'influence sur la mise en mouvement de l'action, ou bien encore, dans des hypothèses particulières, autoriser ou refuser l'initiative du magistrat.

Cette règle cependant n'est pas absolue, et nous allons voir que les particuliers eux-mêmes jouent parfois un rôle important dans l'exercice proprement dit de cette action. Ces exceptions, si peu nombreuses qu'elles soient, méritent cependant toute notre attention. Nous les trouvons éparses dans notre législation criminelle, mais pour la commodité de la discussion, nous les rangerons en deux catégories, faisant rentrer dans la première celles où les particuliers exercent leurs droits devant la juridiction d'instruction, et dans la seconde celles où ils agissent devant les juridictions de jugement.

§ Ier. — Devant les juridictions d'instruction.

I. Art. 135. — Une première application nous est donnée par l'article 135 du Code d'instruction criminelle, modifié par la loi du 17 juillet 1856.

Art. 135. — *Le Procureur impérial pourra dans tous les cas former opposition aux ordonnances du juge d'instruction.*

La partie civile pourra former opposition aux ordonnances rendues dans les cas prévus par les articles 114, 128, 129, 131 et 539 du présent Code, à toutes les ordonnances faisant grief à ses intérêts civils.

..... L'opposition pourra être formée dans un délai de vingt-quatre heures qui courra contre le procureur impérial à compter du jour de l'ordonnance : contre la partie civile et le prévenu non détenu à compter de la signification qui leur est faite de l'ordonnance au domicile par eux élu dans le lieu où siège le tribunal.

L'opposition sera portée devant la Chambre des mises en accusation de la Cour impériale, qui statuera toute affaire cessante.

La partie civile reçoit donc le droit de former opposition aux ordonnances du juge d'instruction dans certains cas spéciaux, dans les cas de mise en liberté provisoire de l'inculpé, de non-lieu, de renvoi en simple police, de dessaisissement pour incompétence. On est d'accord pour ajouter à cette liste le cas où l'ordonnance déclare qu'il n'y a pas lieu d'informer (1).

La partie civile ne pourrait pas former opposition à une ordonnance de main-levée, de mandat de dépôt ou d'arrêt, car l'article 94, § *in fine*, n'autorise pas l'opposition après ces sortes d'ordonnances.

Il importe de limiter l'application de l'article 135 ; le simple plaignant ne pourrait invoquer le bénéfice des dispositions qu'il contient (2), s'il ne s'est pas constitué partie civile. Encore est-il exigé que le plaignant ait cette capacité au moment où l'ordonnance est rendue, puisque l'article 135 indique que le délai d'opposition courra à partir de la signification de l'ordonnance *au domicile élu par la partie civile au lieu où siège le tribunal.* La constitution doit donc être antérieure à l'ordonnance (3).

La procédure sera-t-elle mise à la disposition de la partie civile ? Cette question reste très discutée. Nous y reviendrons plus utilement bientôt.

Quelle est la portée juridique de l'article 135 ? C'est

(1) LABORDE, *Cours de Droit criminel*, n° 1122.
(2) Metz, 12 décembre 1849, J. P., t. XV, p. 633.
(3) Metz, 24 janvier 1832, J. P., t. XXIV, p. 816. — MANGIN, t. II, p. 82.

sans contredit de remettre à la partie civile une part
de l'exercice de l'action publique. Cette conséquence
est certaine et forcée. En effet, l'article ne fait aucune
distinction entre le ministère public et la partie civile.
Placés sur la même ligne, ils ont reçu les mêmes
droits et ils en tireront le même bénéfice. Or, saisissant par leur opposition la chambre des mises en
accusation, dans quelles conditions celle-ci va-t-elle
statuer ?

Les chambres des mises en accusation comme les juges
d'instruction, ne sont pas des juridictions de jugement
mais des juridictions d'instruction : elles ne peuvent
prononcer sur les intérêts civils, mais seulement sur
l'état de l'instruction et sur la compétence. Elles ne
pourront, en la circonstance, que renvoyer le prévenu
devant le tribunal correctionnel ou la cour d'assises,
c'est-à-dire saisir ces juridictions de l'action publique,
en même temps que de l'action civile. La partie civile
agit donc aussi bien dans l'intérêt social que dans
l'intérêt privé. La juridiction saisie à la suite de
l'annulation de l'ordonnance doit statuer sur l'application de la peine comme sur les dommages-
intérêts (1).

Bien plus, il se peut que le ministère public ne
puisse plus faire opposition, alors que ce droit est

(1) Crim. Cassation, 29 mars 1878, Aff. Sénenter, D. P., 79, 1, 92 ; —
Cassation, 28 avril 1892, D. P., 1892, 1, 631-632 ; — Cassation, 29 avril 1893,
D. P., 1895, 1, 326.

encore ouvert à la partie civile. Revenons aux textes, nous y voyons que le délai de 24 heures accordé pour faire opposition court contre le procureur *à compter du jour de l'ordonnance*, tandis qu'il ne commence à courir contre la partie civile qu'à partir de la signification de l'ordonnance. Il se peut donc que la partie civile se trouve encore en situation de s'opposer à l'exécution de l'ordonnance, lorsque le ministère public en a perdu le droit ; elle fera revivre l'action publique éteinte au regard du premier.

La partie civile pourra-t-elle se désister de son opposition devant la Chambre des mises en accusation ? La question est controversée. D'après M. Mangin (1), la loi a voulu donner à l'opposition de la partie civile les mêmes effets qu'à l'opposition du ministère public. Or, le ministère public, après avoir saisi le juge de l'action, ne dispose plus de cette action qui doit suivre un cours forcé. Il n'a qu'un droit : requérir l'acquittement du prévenu, mais il ne peut se désister, et le juge devra statuer. Saisie par la partie civile, la Chambre d'accusation ne pourra non plus être dessaisie par elle. Elle ne pourra donc réformer l'ordonnance au point de vue de l'action publique. M. Faustin-Hélie adopte la théorie contraire (2) dans les termes suivants : *L'opposition de la partie civile a les mêmes effets que celle du ministère public, lorsqu'elle existe, lorsqu'elle est régu-*

(1) MANGIN, *Règlement de la compétence*, p. 80.
(2) FAUSTIN-HÉLIE, t. V, p. 156.

lière : mais par cela même qu'elle émane de la partie civile, elle est sujette aux formes et aux conditions qui sont inhérentes aux actes de cette partie. Elle peut donc être anéantie par le désistement et la transaction. Et comment d'un acte seul faire sortir l'action publique ?

Nous adoptons plus volontiers la thèse de M. Mangin, car pour nous la Chambre d'accusation est saisie par la partie civile dans les mêmes conditions que par le ministère public, et la même cause doit produire les mêmes effets.

Que faut-il penser de cette dérogation aux principes du Code d'instruction criminelle ? Un arrêt de Cassation du 10 mars 1827 (1) nous donne comme motifs : *que le droit d'opposition de l'article 135 a été accordé à la partie civile comme une garantie en faveur de la Société contre les erreurs des premiers juges et l'impunité des crimes.* On trouve encore, dans les motifs de la loi, que : *cette dérogation était nécessaire pour ne pas laisser la Société exposée aux suites d'une déclaration hasardée qui arrêterait les poursuites d'un crime réel sous la fausse supposition que le fait ne présente ni crime ni délit, ni contravention, ni parce qu'on penserait qu'il est uniquement du ressort des tribunaux de police simple ou correctionnelle.*

(1) Cassation, 10 mars 1827, J. P., t. XXI, p. 238.

La loi aurait ainsi voulu assurer aussi complètement que possible la répression des infractions à la loi pénale, et pour atteindre ce but, elle admettrait les parties intéressées à surveiller les ordonnances du juge. Cependant cette raison ne nous paraît pas péremptoire, car, en toute circonstance, le ministère public suffit à cette tâche. Quoi qu'il en soit, cette disposition nous paraît bonne en elle-même, comme contenant une garantie de plus pour la victime d'un délit. L'idée ancienne peut parfois avoir des applications heureuses au point de vue de la justice absolue, et souvent garder son bien c'est aussi garder le bien public.

Pour terminer sur cette question, ajoutons que la loi n'a prévu aucune forme spéciale à propos de l'opposition de la partie civile. Il y a lieu d'en conclure que cette forme est la même que la forme de l'appel, c'est-à-dire une déclaration au greffe (1). Il est admis aussi que l'opposition peut être exclusivement faite par exploit d'huissier (2), signifié au prévenu et au parquet.

II. — ARTICLE 217 DU CODE D'INSTRUCTION CRIMINELLE. — *Le Procureur général près la Cour impériale sera tenu de mettre l'affaire en état dans les cinq jours de la réception des pièces qui lui auront été transmises en exécution de l'article 133 ou de l'article 135 et de faire son rapport dans les cinq jours*

(1) Cassation, 8 février 1855, D. P., 55, 1, 90.
(2) Grenoble, 20 juin 1826, DALLOZ, J. G., *Appel criminel*, 46.

*suivants au plus tard. Pendant ce temps la partie
civile et le prévenu pourront fournir tels mémoires
qu'ils estimeront convenables sans que le rapport puisse
être retardé.*

L'hypothèse que nous examinons est liée assez intimement à la précédente. Notre article 217 prévoit deux situations: le juge d'instruction est à la fin de sa mission, il a relevé les charges qui sont contre l'inculpé et estime que le fait est de nature à être puni de peines afflictives et infamantes, il ordonnera que les pièces de l'instruction soient transmises par le Procureur de la république au Procureur général pour qu'il soit statué par la chambre des mises en accusation (art. 133); ou bien il considère qu'il y a lieu à mise en liberté provisoire, à non lieu, ou à dessaisissement (art. 135), dernière situation que nous connaissons. Dans le premier cas, il a rendu une ordonnance de renvoi devant la chambre d'accusation, dans le second, une ordonnance de mise en liberté provisoire ou autre, et la partie civile y a fait opposition.

Les choses étant en cet état, la procédure est transmise au parquet du Procureur général, et ce magistrat, dans les dix jours de la réception, fera son rapport, la première formalité de la procédure qui va s'engager devant la Cour. Pendant ce délai de dix jours, la partie civile (ainsi que le prévenu) pourra fournir tels mémoires qui lui paraîtront utiles à ses intérêts.

A suivre exactement les principes de l'article 1er du Code d'instruction criminelle, le procureur général, chargé de l'exercice de l'action publique, devrait seul paraître en scène. Cependant la partie civile pourra fournir un mémoire, prenant ainsi position dans la poursuite pénale.

Comment peut s'exercer utilement la faculté réservée par l'article 217 ? La réponse qui paraît s'imposer est celle-ci : la partie civile recevra en communication les pièces de la procédure. Cette solution n'est pas cependant généralement admise en doctrine et la jurisprudence lui est nettement contraire. La loi, dit-on, n'a pas voulu élever entre le procureur général et la partie civile et le prévenu un débat véritable. La communication des pièces ne peut être exigée par le prévenu, car la procédure doit rester secrète à son égard jusqu'après l'arrêt de mise en accusation (art. 302 et 305), et la partie civile ne peut être traitée plus favorablement que lui, sans injustice (1).

On objecte, dit Trébutien (2), *que le droit de produire un mémoire en défense sera illusoire sans la communication, mais les interrogatoires qu'a subis le prévenu lui ont suffisamment fait connaître la prévention pour qu'il puisse opposer les moyens péremptoires qui peuvent le justifier immédiatement.*

Cette argumentation, sans grande valeur vis-à-vis

(1) Crim. Cass., 10 décembre 1847, D. P., 48. 1. 20.
(2) Trébutien, t. II, nos 516 et 517.

du prévenu, n'en a aucune vis-à-vis de la partie civile. La jurisprudence a consacré cette solution (1), et décidé que l'absence de communication ne pouvait conduire à la cassation.

Cependant la Cour de Cassation reconnaît que la communication n'est défendue par aucun texte, et qu'il appartient au procureur général de voir si, sans inconvénient pour l'intérêt public, cette communication ne peut être faite (2).

A l'encontre de cette théorie très généralement admise, quelques auteurs émettent des doutes, en s'appuyant sur la législation du code du 3 Brumaire an IV, qui, dans ses articles 224, 226, 227, consacre sur ce point la participation des particuliers à l'exercice de l'action publique (3) : M. Faustin Hélie, tout en reconnaissant la puissance du texte, est disposé cependant à se ranger avec ces auteurs : *L'iniquité d'une défense tronquée par le secret des charges a réagi sur l'esprit des commentateurs, et les a entraînés à demander aux textes ce qu'ils ne contenaient pas* (4).

La loi du 8 décembre 1897 sur l'instruction contradictoire a-t-elle apporté des modifications à la législation précédente ? Aux termes de l'article 10 de cette loi : *La procédure doit être mise à la dispo-*

---

(1) Toulouse, 2 août 1847, D. P., 1847, 2, 157 ; Cass., 21 novembre 1891 D. P., 1892, 1, 83 ; — Cass., 9 décembre 1892, D. P., 1893, 1, 101.

(2) Cass., 6 janvier 1893, D. P., 1893, 1, 102.

(3) *Sic :* CARNOT, t. II, p. 410 ; — LEGRAVEREND, t. I, p. 248.

(4) Faustin HÉLIE, *op. cit.*, p. 266.

sition du conseil la veille de chacun des interroga-
toires que l'inculpé doit subir.

Il doit lui être immédiatement donné communica-
tion de toute ordonnance du juge par l'intermédiaire
du greffier.

Aujourd'hui donc, depuis l'instruction contradictoire, les arguments tirés des articles 302 et 305 du
Code d'instruction criminelle ne peuvent plus être
invoqués. Le conseil communique avec le prévenu dès
le début de la procédure pénale ; son assistance même
est devenue obligatoire. Toute ordonnance du juge
doit lui être communiquée. En conséquence, pourrait-
on conclure, la partie civile qui ne se voyait refuser le
droit de communication que par égalité vis-à-vis du
prévenu, doit jouir de cette même faculté.

Nous ne croyons pas cependant que la loi du 8 décembre 1897 ait une pareille portée. Cette loi est loi
d'exception, car avant tout, notre législation criminelle repose sur le principe de l'information secrète et
il serait contraire à toutes les règles d'interprétation,
d'étendre encore par le raisonnement les exceptions
qu'elle contient. L'article 217 reste donc entier. La
partie civile ne pourra exiger communication de la
procédure. Au surplus, une proposition de loi du
9 juin 1899, sur la procédure devant la chambre d'accusation, tend à l'adoption du système de la communication. Elle n'a pas encore été discutée.

§ II. — Devant les juridictions de jugement.

Lorsque l'instruction est close et que le débat va se dérouler devant la juridiction compétente, la partie civile continuera encore à jouer un rôle important.

Avant d'aborder cet examen, disons un mot de l'appel et de la cassation.

Appel. — La partie civile peut appeler dans son intérêt du jugement qui a acquitté le prévenu en dehors du ministère public qui n'interjette pas appel.

Pour les jugements de simple police, la législation intermédiaire déclarait en dernier ressort tous les jugements des tribunaux de simple police. Aux termes de l'article 172 de notre Code de 1808 : *Les jugements rendus en matière de police pourront être attaqués par la voie de l'appel, lorsqu'ils prononceront un emprisonnement ou lorsque les amendes, restitutions et autres réparations civiles excéderont la somme de cinq francs, outre les dépens.*

Cet article ne prononce pas le mot *partie civile*, mais le droit d'appel de la partie civile est cependant généralement admis dans les conditions énoncées par cet article, c'est-à-dire : 1° dans le cas d'une condamnation personnelle de la partie civile sur la demande reconventionnelle du prévenu ; 2° lorsque cette condamnation excède cinq francs ou lorsqu'elle se traduit par une peine d'emprisonnement. Le ministère public n'a pas le droit d'appel, car la condamnation ne lui est jamais personnelle.

Tous autres jugements, même les jugements sur la compétence, sont en dernier ressort.

En matière correctionnelle, la solution ne souffre aucune difficulté : *La faculté d'appeler appartiendra...* *2° à la partie civile quant à ses intérêts civils seulement* (1) (art. 202, C. instr. crim). On a décidé, en conséquence de ce droit, que la partie civile peut appeler, même après l'acquiescement au jugement passé par le ministère public.

Quelle est la portée de l'appel formulé par la partie civile ? Le tribunal ne pourrait, sur l'appel de la partie civile, prononcer des peines contre le prévenu acquitté par jugement du tribunal correctionnel, mais les juges d'appel peuvent déclarer le prévenu *coupable du délit qui lui est reproché*. C'est avec raison, a dit la Cour de Cassation (2), que les juges d'appel constatent au préalable l'existence du délit, non pour en déduire l'application d'une peine, mais pour donner suite à la demande d'indemnité. Les derniers arrêts rendus sur ce point sont en ce sens (3).

Il sera statué seulement sur les intérêts civils ; mais pour les reconnaître, la Cour examinera le bien fondé de l'action, et, par suite, constatera ou non la culpabilité du prévenu. On objecterait vainement que le

(1) *Le Droit*, 27 octobre 1883 ; — Cassation, 6 décembre 1849 ; — *Contra*, LL. Sellyer, t. I, n° 21.

(2) Cassation, 15 juin 1884 ; — Cass., 14 avril 1860, D. P., 60, 1, 373.

(3) Nancy, 6 juin 1888, D. P., 89, 2, 96 ; — Limoges, 28 juillet 1887, D. P., 89, 1, 221.

tribunal ne peut être saisi de l'action civile sans l'être en même temps de l'action publique, car, dans notre hypothèse, le juge d'appel est saisi de cette double action s'il n'a à prononcer que sur les intérêts civils.

La solution serait toute différente si, en première instance, la partie civile s'était abstenue de requérir contre le prévenu une déclaration de culpabilité, réclamant seulement des dommages-intérêts à la personne civilement responsable de ce prévenu. En effet, dans cette hypothèse, le débat aurait une fin purement civile, entre la partie civile et la partie citée comme responsable (1). L'action publique ne serait plus envisagée et la juridiction pénale deviendrait incompétente.

Cassation. — Il résulte des articles 177 et 216 que la partie civile est recevable, en matière de police simple ou correctionnelle, à se pourvoir en Cassation, quant à ses intérêts civils, contre tout jugement qui renvoie le prévenu de l'action tant civile que publique, encore que le ministère public ne se soit pas pourvu (2).

La règle n'est plus le même en matière de grand criminel. La partie civile n'est pas admise à se pourvoir en l'absence du ministère public, aucun texte n'autorisant ce pourvoi (3). On s'est élevé parfois

(1) Crim. Cass., 10 août 1840, P. D., 60, 1, 513.
(2) Cass., 3 juillet 1820; — Cass., 16 février 1872 (DALLOZ P., 72, 1388);— Cass. 12 juin 1886 (DALLOZ, 1887, 1, 45).
(3) Crim. rej., 14 juillet 1870 (DALLOZ, P., 1859, 1, 328); — Crim. rej., juillet 1860 (DALLOZ, P., 1861, 3, 60).

contre cette disposition générale. M. Faustin-Hélie propose de lui apporter du moins une exception dans le cas d'arrêts des mises en accusation sur les questions de compétence, par analogie du texte de l'article 539. C. instr. cr. (1). Nous croyons que cette disposition spéciale ne peut être étendue aux arrêts des chambres de mises en accusation. Elle n'a été faite que pour les arrêts rendus sur appel de jugements correctionnels. La Cour de Cassation n'a pas eu à juger la question.

Dans un cas unique, celui de l'article 412 du Code d'Instr. crim., la partie civile pourra se pourvoir. Ce cas très exceptionnel est celui où l'arrêt a prononcé contre elle des condamnations civiles supérieures aux demandes de la partie acquittée ou absoute.

1. Tribunal de simple police et Tribunal correctionnel.

— Devant ces juridictions, la partie civile pourra entendre des témoins à l'appui de ses prétentions, et prendre dans l'intérêt de son action toutes les conclusions qui lui paraîtront utiles, ainsi que l'explique M. Faustin-Hélie : *Le juge est tenu de statuer sur ces conclusions..... mais il demeure évidemment le maître de les accueillir ou de les rejeter* (2).

Nous retrouverons cette question à propos des Cours d'assises.

(1) Faustin-Hélie, t. V, n° 2290.
(2) Faustin-Hélie, *Instruct. crim.*, t. VI, n° 2633.

Les particularités qui peuvent nous intéresser en la matière sont les suivantes :

Tout d'abord on s'est demandé si la loi exigeait une forme spéciale pour l'appel des témoins devant ces juridictions. L'article 153 emploie les mots *témoins appelés, témoins amenés.* — On en conclut qu'il n'est pas nécessaire que les témoins aient reçu une citation pour être entendus, aussi bien devant le tribunal de simple police que devant le tribunal correctionnel, car l'article 153 s'applique aux deux juridictions, expressément pour l'une et par analogie pour l'autre (1). L'obligation d'obtenir, avant de produire les témoins, l'autorisation du tribunal n'existe pas. Aucune loi, ni aucune nécessité pratique ne commande cette exigence.

Le tribunal pourrait-il refuser d'entendre ces témoins ? Les partisans de l'affirmative invoquent le texte de la loi : *Les témoins appelés par le ministère public ou la partie civile seront entendus, s'il y a lieu.* Le tribunal aurait le droit arbitraire de les entendre ou de ne pas les entendre. L'opinion contraire est généralement adoptée. On répond avec raison dans ce système que les mots *s'il y a lieu* signifient que le tribunal pourra s'abstenir d'entendre les témoins si les faits sont tenus pour constants en l'absence de tous témoignages (2), mais qu'en dehors

(1) Grenoble, 31 décembre 1817, D. P., 1850, 5, 441.
(2) Cassation, 20 mars 1874, D. P., 75, 1, 190-191.

de cette hypothèse, le tribunal ne pourrait s'opposer à les recevoir, en l'absence de tous motifs juridiques (1).

Aucun ordre forcé n'est établi à peine de nullité entre les conclusions du ministère public et de la partie civile et des défenses du prévenu. Le droit de réplique n'appartient pas à la partie civile, qui pourra seulement faire remettre au tribunal des notes écrites.

II. Cour d'Assises. — Au criminel, les droits de la partie civile sont réglementés précisément par les articles 315 à 335 du Code d'instruction criminelle.

Le droit de faire entendre des témoins résulte, pour la partie civile, de l'art. 315 précité et de l'art. 321 : *Après l'audition des témoins produits par le procureur général et par la partie civile, l'accusé fera entendre ceux... etc.*

Nous avons vu qu'en matière correctionnelle et de police, ces témoins pouvaient être directement amenés à l'audience. Aux assises, la liste des témoins assignés à la requête de la partie civile, doit être communiquée au ministère public et notifiée à l'accusé vingt-quatre heures au moins avant leur audition (art. 315). Cette disposition a pour but de permettre aux parties intéressées la discussion de ces témoins et au besoin leur récusation. On admet dans la pratique que, si le débat

(1) Cassation, 28 novembre 1862 D. P., 63, 5, 215; — Cass., 6 août 1885, D. P., 86, 1, 351.

dure plusieurs jours, la liste des témoins est valablement notifiée au cours des débats, pourvu qu'il s'écoule vingt-quatre heures au moins entre la notification et l'audition des témoins (1). On a critiqué cette interprétation de l'art. 315, qui est cependant donnée très nettement par la jurisprudence.

Les témoins seront interrogés sur le point de savoir s'ils sont parents ou alliés ou attachés au service de la partie civile (art. 317). Elle pourra adresser les questions qu'elle jugera convenables, soit au témoin, soit à l'accusé, par l'organe du président (art. 319), s'opposer à l'audition des témoins incapables (art. 322), demander même qu'un témoin dont la déposition semble fausse soit mis en état d'arrestation (art. 330), et requérir dans le même cas le renvoi de l'affaire à une autre session (art. 330).

Toutes ces dispositions ne souffrent pas de difficultés et ne sont pas discutées.

Enfin l'article 335 nous dit encore que : *A la suite des dépositions des témoins et des dires respectifs auxquels elles auront donné lieu, la partie civile, ou son conseil, et le procureur général, seront entendus et développeront les moyens qui appuient l'accusation. L'accusé et son conseil pourront leur répondre, la réplique sera permise à la partie civile et au procureur général..... »*

(1) FAUSTIN-HÉLIE, *op. cit.*, t. VII, n° 3392 ; — NORMAND, t. II, n° 637 et 638.

Toutes ces dispositions mettent sur le même pied le ministère public et la partie civile qui, au même titre que lui, exerce ainsi, dans les limites précisées par les textes, l'action publique. Et nous voyons que ce champ d'exercice est assez vaste. Sans doute la Cour n'est pas tenue de déférer aux réquisitions qui sont faites, mais les réquisitions du ministère public ne peuvent avoir plus de poids sur ses décisions que celles de la partie lésée.

N'est-ce pas là un vestige de l'accusation populaire, qui de la vieille loi française nous aurait été transmis par la législation de la période intermédiaire ? Nous y voyons en effet la victime soutenir son accusation, produire ses preuves, requérir même l'arrestation des témoins convaincus de faux témoignages, en un mot exercer une véritable collaboration avec les représentants de la loi, et tendre comme dernière fin à l'application de la peine.

CHAPITRE V

LA PARTICIPATION DES PARTICULIERS DANS L'EXERCICE DE L'ACTION PUBLIQUE DOIT-ELLE ÊTRE RESTREINTE OU AUGMENTÉE ?

1. — Nous avons, à différentes reprises, jeté quelques critiques ou quelques approbations sur les dispositions législatives que nous avons examinées. Il nous est possible maintenant de nous faire une opinion sur leur valeur d'ensemble.

Presque tout le monde est d'accord pour reconnaître que notre législation a, dans une conciliation heureuse, respecté les droits des particuliers à côté de ceux des pouvoirs publics.

Elle a évité toutes les conséquences malheureuses de la dénonciation du droit primitif en supprimant au dénonciateur la récompense pécuniaire qui, de défenseur de la cité, en faisait souvent un artisan d'impostures et de calomnies. Aujourd'hui le dénonciateur ne peut plus être guidé que par l'intérêt public ; en tous cas son acte ne conduira plus qu'à cette fin, quel que soit le mobile qui l'inspire, puisque la dénonciation sera soumise à l'examen consciencieux et loyal du magistrat. D'autre part, le ministère public trouve dans la dénonciation un secours précieux : *Voulez-vous, dit Beccaria, prévenir le crime ? Faites que toutes les forces de la nation soient incessamment employées à garantir l'exécution des lois.*

Il est vrai que, dans les états modernes, par suite des exigences de la vie de chacun, du peu de loisir laissé à la vie publique, au milieu des nécessités privées, les citoyens sont peu disposés à soutenir des intérêts qui ne sont pas directement les leurs. Le droit de dénonciation est pour eux une arme que l'égoïsme et le particularisme ont bien émoussée. Peut-on penser à en faire une obligation sociale ? *La générosité envers le crime*, disait Napoléon, *c'est inhumanité envers la société* (1). Cette noble pensée peut inspirer le sage, mais l'ériger en précepte légal serait trop demander. A tort ou à raison d'ailleurs, les répugnances vis-à-vis de la dénonciation sont instinctives, et toute loi en ce sens risquerait de rester à l'état de lettre morte, en France tout au moins. Ce sont là obligations bien difficiles à remplir dans une civilisation avancée.

Il n'est guère possible non plus de critiquer sérieusement le droit de plainte. Il faut même songer que, dans les civilisations modernes, la plainte seule sera le secours que l'autorité publique peut attendre des particuliers.

(1) Conseil d'État, *Des influences du projet de Code d'Instr. crim.*, juin à décembre 1804.

Nous savons du reste que la liberté du ministère public reste complète après la dénonciation et la plainte.

Le rôle des particuliers est beaucoup plus considérable en cas de constitution de partie civile : c'est une garantie pour leur liberté. Cependant, à propos des effets de la constitution de partie civile, les critiques sont des plus vives. On admet la plainte et la dénonciation. On reconnaît que certains délits ne doivent être poursuivis par la partie publique que prudemment et avec l'assentiment des véritables intéressés; mais on trouve dans les effets de la constitution de partie civile de tels inconvénients qu'on condamne le système presque en entier.

La citation directe surtout est l'objet de brûlantes attaques. D'après la loi de Brumaire an IV, art. 182, la partie lésée agissant sur citation directe, devait obtenir préalablement le *visa* du directeur du jury. La loi de Pluviôse an IV, ordonnait cette même précaution. On discuta en 1804 cette question du visa, sans que ses partisans pussent finalement réussir à l'introduire dans notre législation.

En 1842, la question revint encore en discussion, et l'on proposa de soumettre la citation directe au Procureur, sauf recours devant la chambre du Conseil.

Ce système est inadmissible. Il constituerait une innovation dangereuse dans notre législation, d'autant plus que, lors des dernières discussions, l'on s'est mépris sur le sens de ce visa, dans le système de la loi de Brumaire. Le visa n'avait alors qu'un objet : celui de constater que l'affaire était bien de la compétence du tribunal correctionnel (1). Puis, n'est-ce pas créer une présomption de culpabilité contre le prévenu ?

On a aussi songé (2) à obliger la partie civile qui voudrait user de la citation directe à se présenter en personne devant le Procureur, afin de lui demander la fixation d'un jour d'audience avant d'assigner. Ce serait là une espèce de tentative de conciliation devant un magistrat qui ne peut juger.

Tous ces moyens fausseraient une institution excellente en elle-même, et comme on l'a dit : *On ne peut refuser l'exercice d'une action dont on a reconnu l'existence* (3).

Il nous paraît cependant que dans cette voie, quelques améliorations faciles puissent apporter une sécurité presque complète aux esprits alarmés, sans toucher au fond même de l'institution.

Sur citation directe, le poursuivant laisse dans le secret, jusqu'à l'audience, le nom de ses témoins. Impossible donc de prendre des renseignements sur leur moralité et de recueillir les moyens propres à combattre leurs affirmations. Pourquoi n'imposerait-on pas à la partie civile l'obligation de faire connaître à

---

(1) *Moniteur* du 20 avril 1853. — Discours de MM. Massabiau et Joly.
(2) En 1842, projet de la Commission ; en 1845, proposition du baron Roger.
(3) Discussion de 1842, *Moniteur*.

l'avance, par une notification au prévenu, dans un délai convenable, le nom des témoins ?

Il serait possible aussi de permettre au tribunal, dans le cas où la poursuite serait inspirée dans un esprit de vexation bien établi, d'infliger une amende au plaignant.

Enfin, un frein puissant aux poursuites arbitraires pourrait encore consister dans l'obligation pour la partie civile agissant sur citation directe, de consigner préalablement un cautionnement destiné à garantir les frais de la procédure. La partie civile constituée dans une plainte a déjà cette obligation. Pourquoi ne pas établir une règle uniforme ? C'est ce qu'avait proposé en 1847 la Faculté de droit de Paris dans des observations sur l'art. 182 du Code d'instruction criminelle.

Nous concluons donc que les effets de la constitution de partie civile, tels qu'ils résultent de notre législation, doivent être maintenus, réserve faite des observations que nous avons cru devoir présenter. Les quelques inconvénients d'un système ne peuvent autoriser sa destruction, et comme disait Montesquieu (1) : *Il n'appartient de proposer des changements qu'à ceux qui sont assez heureusement doués pour pénétrer d'un coup de génie toute la constitution d'un État.*

____

(1) *Esprit des Lois*, préface.

Notre législation a un long passé. Elle ne s'est pas créée de toutes pièces, mais repose sur nos traditions, nos mœurs, nos aptitudes sociales et le caractère national. Nous avons trouvé la partie civile à toutes les époques de notre histoire, avec des conceptions variables sans doute, mais s'inspirant toujours d'une idée de liberté qu'il est impossible de détruire. Au surplus, n'a-t-on pas souvent critiqué notre impassibilité, notre absence d'initiative ? Comme le disait M. Goblet, en examinant le système anglais (1) : *La pratique de la liberté n'a pas encore constitué chez nous cette virilité individuelle qui fait que chez nos voisins aucun citoyen n'hésite à dénoncer un crime ou un délit ou à se porter accusateur devant la justice.* Ce n'est donc pas vers des sentiers étroits qu'il faut engager les pas des réformateurs, mais plutôt vers des horizons toujours plus larges. Les pouvoirs publics ne sauraient s'en plaindre.

11. — Notre Code d'instruction criminelle n'a pas dépassé le but en laissant aux particuliers des droits sur l'action pénale. Certains esprits peuvent même soutenir que ces droits ne sont pas assez étendus, et proposent des réformes en ce sens.

a). Ces efforts se sont précisés dans plusieurs projets de réforme du Code d'instruction criminelle. En 1870, une commission avait été nommée à ces fins, mais ses

---

(1. Discours de M. Goblet à la Chambre (Chambre 1884, *Débats*, p. 2194).

travaux n'aboutirent pas. En 1878, M. Dufaure, garde des sceaux, instituait dans le même but une commission qui comprenait parmi ses membres d'éminents jurisconsultes comme MM. Faustin-Hélie, Berthauld, Laferrière, sous la présidence de M. Goblet, et enfin, en novembre 1879, un projet de réforme fut déposé au Sénat par le Gouvernement. Il est toujours pendant devant les Chambres et ne semble pas devoir aboutir d'ici longtemps, d'autant plus que, sur la proposition de M. Constans, un des chapitres de la loi a été détaché du projet pour devenir la loi du 8 décembre 1897 *sur l'instruction contradictoire*. Les autres dispositions du projet ont reçu de ce fait un ajournement définitif. Au surplus, sur la question qui nous occupe, le législateur paraît s'être égaré ; tout au moins nous l'entendons discuter des points admis en doctrine et en jurisprudence. Dans l'exposé des motifs, M. Le Royer indiquait que le projet mettait le juge d'instruction dans l'obligation de se saisir sur la plainte de la partie civile. C'était consacrer dans un texte législatif le système que nous avons admis et qui est admis généralement depuis M. Faustin-Hélie. La partie civile devait communiquer sa plainte au ministère public *qui, ainsi averti, pourra formuler telle réquisition qu'il appartiendra*, ajoutait M. Le Royer.

L'opinion contraire prévalut dans la commission du Sénat, qui entendit réserver exclusivement au ministère public l'initiative des poursuites. De nombreux débats s'engagèrent sur ces deux opinions, lors de la discussion publique (1). *C'est le Gouvernement auquel la société a confié sa défense ; lorsque le ministère public agit,' c'est le Gouvernement qui agit*, disait M. Dauphin, rapporteur, en soutenant la thèse de l'exclusivité dans les poursuites, pour le ministère public.

M. Delsol, dans la séance du 24 juillet, y répondit : *Il me semble que la commission, loin de faire l'œuvre libérale à laquelle elle nous conviait, nous apporte un système qui peut quelquefois paralyser l'action de la justice et soustraire des délinquants aux peines qu'ils ont méritées. En effet, les membres du ministère public sont amovibles et quelle que soit leur haute moralité, n'est-il pas dangereux parfois de les placer entre leur intérêt et leur devoir?*

M. Batbie crut trouver la conciliation en demandant cette conséquence pour la plainte, lorsque la partie plaignante pouvait user de la voie de la citation directe : *Je comprends*, disait-il, *une disposition restrictive, en matière de grand criminel, devant la Cour d'assises; mais, quand il s'agit de matière correctionnelle, le droit d'action appartient à la partie lésée. Je ne comprends pas pourquoi le juge d'instruction ne peut pas être saisi par la plainte, par la demande de la partie lésée, puisque la loi lui donne*

(1) Séances des 9 et 13 mai 1882.

l'action (1). M. Batbie proposa ensuite les trois solutions suivantes :

1° Le projet du Gouvernement serait limité aux matières correctionnelles.

2° Le juge d'instruction devrait être saisi par toute plainte de la partie lésée, même sans constitution de partie civile.

3° La plainte ne mettrait pas nécessairement l'action publique en mouvement, mais le juge d'instruction pourrait instruire sur cette plainte s'il le jugeait convenable.

M. Delsol s'associa à cet amendement.

M. Brunet, combattant ce système, déclara que le droit de citation directe rendait superflu celui qui était réclamé. Pourquoi ouvrir cette seconde voie ?

L'amendement fut repoussé. Repris lors de la seconde lecture par ses auteurs, MM. Batbie et Delsol, il fut rejeté définitivement au scrutin dans la séance du 24 juillet 1882 par 189 voix contre 66 (2), et l'article 44 du projet fut voté dans les termes suivants : *Hors le cas de flagrant délit, le juge d'instruction n'est saisi que par les réquisitions du procureur de la République.* Le juge d'instruction n'avait plus qu'un rôle, recevoir la plainte des mains de la partie lésée et la remettre au procureur de la République. Il

(1) Séance du 9 mai 1882 (V. GRILLOT, *Des principes du nouveau Code d'instruction criminelle*, p. 82 et s. ; — EYSSAUTIER, *Revue pratique*, 1883, p. 11 ; — PASCAUD, *Revue critique*, 1884, p. 607).

(2) *Journal officiel* du 25 juillet 1882, p. 883.

ne devait plus être *qu'une boîte aux lettres*, suivant le mot qui fut prononcé.

La Chambre des Députés ne pouvait admettre une pareille solution En 1884, le projet y fut discuté en première lecture, et l'année suivante, la Chambre saisie à nouveau, un rapport fut déposé par M. Bovier-Lapierre. Enfin, en 1889, un troisième projet vint au jour. M. Goblet, rapporteur, s'éleva contre le système du Sénat qui *confisquait l'opinion publique*. Soutenu par M. Martin-Feuillée, garde des sceaux, il ramena la Chambre aux vrais principes en la faisant adopter le système du projet du Gouvernement dans l'article suivant : *Le juge d'instruction est saisi, soit par les réquisitions du ministère public, soit par la plainte de la partie lésée. Cette plainte n'aura d'effet qu'autant que le ministère public en aura reçu communication du plaignant et que celui-ci aura déclaré se porter partie civile* (article 42).

Depuis cette époque, le projet est toujours pendant. Nous voyons que les longues discussions intervenues tant au Sénat qu'à la Chambre sont restées stériles. La solution proposée en dernier lieu par la Chambre est depuis longtemps reconnue en jurisprudence, ainsi que nous l'avons vu, tout au moins depuis l'année 1880. Ces longs débats n'auront qu'une conséquence : autoriser des controverses qui paraissaient closes par la jurisprudence. La solution que nous avons adoptée s'impose, sous peine d'illogisme : on ne peut contraindre les parties lésées qui se portent partie civile, à l'inaction quand elles ont souffert d'un crime, alors que la poursuite leur est ouverte en cas de délit. Si la loi leur refuse raisonnablement, comme nous le voyons, la citation directe en matière criminelle, elle ne peut leur refuser le droit de plainte au juge d'instruction, plainte qui saisit nécessairement ce dernier.

Ne serait-il même pas désirable de voir adopter les conclusions de M. Batbie et de fixer ainsi les incertitudes qui existent encore aujourd'hui sur la portée d'une simple plainte, en l'absence de constitution de partie civile ?

b). **Notre législation pourrait-elle s'accommoder du droit de citation directe devant la cour d'assises ?** Dans le système de la loi de 1791, le particulier lésé pouvait saisir directement le jury d'accusation. La loi de Brumaire an IV maintenait ce pouvoir, et plus tard la loi de Pluviôse an IX permettait encore à la partie civile de collaborer à l'acte d'accusation. De nos jours, la loi de 1881, sur la presse, dans son article 47, § 6, réserve encore le droit de citation directe devant la cour d'assises, à la partie lésée, quand celle-ci est un fonctionnaire public, un citoyen chargé d'un service public, un juré, un témoin. Pourquoi n'accorderait-on pas ce droit à la partie lésée, en toute hypothèse ?

D'éminents jurisconsultes sont portés à admettre cette idée sous la condition que les particuliers lésés par crime devraient prendre certaines précautions de nature à garantir l'accusé contre les accusations inconsidérées (1).

Nous croyons que ce système présenterait les dangers les plus sérieux. Les arguments tirés des législations antérieures à la nôtre, spécialement les lois de la période intermédiaire, ne sont pas probants. La législation intermédiaire allait de tâtonnements en tâtonnements. A cette époque de rénovation, ces essais étaient permis, mais ils n'apportèrent pas de résultats utiles et ils ne purent jamais être considérés comme pouvant inspirer une législation définitive, pour les raisons que nous avons précédemment données. En matière de presse, les dispositions de la loi de 1881 s'expliquent et cadrent avec les nécessités de la loi considérée dans son ensemble, puisque, par nature spéciale, ce délit ne peut être jugé que par la cour d'assises. Il fallait donc autoriser la victime à suivre devant cette juridiction la réparation du dommage. Mais ce n'est là qu'une exception qui ne peut être étendue.

Devant la cour d'assises, les inconvénients de la citation directe seraient parfois irréparables. Du reste, la citation directe tire avant tout son utilité de cette considération que les délits n'ébranlent souvent le corps social que d'une façon relative. Bien souvent il arrive que ses conséquences ne sont ressenties que

(1) Sic : M. GLASSON, *Le droit et les institutions de l'Angleterre*, t. VI, p. 737.

par la personne lésée. Elle se justifie donc à propos des délits, mais en matière de crimes il en est tout autrement : le magistrat chargé des intérêts sociaux ne pourra rester impassible devant un crime, et en France l'institution du ministère public est organisée si heureusement qu'elle est une sauvegarde presque complète pour les citoyens.

On doit même invoquer cette idée pour expliquer l'exception de la loi sur la Presse, car la diffamation est plutôt d'intérêt privé que d'intérêt public. Cette exception rentre donc dans le système général.

Au surplus, les garanties qui seraient réclamées de la partie civile sont bien difficiles à déterminer. Ou bien elles seraient insignifiantes et ouvertes à tous, partant illusoires vis-à-vis de l'accusé, ou bien sérieuses, et par suite créeraient un privilège pour quelques-uns au détriment de l'égalité que tous les citoyens doivent avoir devant la loi.

Sur ce point, il paraît donc sage de renoncer à des innovations : la plainte avec constitution de partie civile est suffisante pour garantir les droits de tout.

c). Des considérations de même ordre nous conduisent à réprouver aussi la remise du droit de citation directe aux mains des personnes non lésées par le délit. Ces institutions sont contraires à l'esprit qui inspire notre législation et à nos habitudes sociales. Ce droit de citation risquerait d'être exercé par des délateurs de profession, la grande majorité des citoyens se désintéressant des faits qui ne les touchent pas directement. Le ministère public représente les intérêts généraux. Malgré la valeur des magistrats qui exercent ces fonctions, les critiques se produisent ; il serait bien dangereux de la remettre à ceux qu'un intérêt pécuniaire ou de rancune déterminerait seul à agir.

La seule exception possible pourrait être faite au profit de certaines institutions, certaines ligues organisées dans un intérêt moral. Cette question a été discutée en 1891 à l'Académie des sciences morales et politiques (1), à propos d'un mémoire de M. Frédéric Passy sur la *pornographie*. Bien entendu, ces exceptions devraient être strictement limitées au profit d'associations constituées dans ce but et dûment autorisées. Là, toutes les garanties de moralité seraient assurées et aucun inconvénient ne pourrait se produire. Au contraire, la société y trouverait le plus grand avantage, à l'exemple de ce qui existe dans la législation américaine ou anglaise (2).

Il y a de nombreux intérêts qui, en France, ne trouvent pas toujours des défenseurs, tels par exemple les intérêts de l'enfance, les exhibitions contraires à la morale publique, les mauvais traitements envers les animaux, etc... Il existe bien certaines associations poursuivant ce but, telles que les sociétés protectrices

(1) Séance du 14 novembre 1891 (*Compte-rendu de l'Académie des Sciences morales et politiques*, février 1892, p. 207 et 216).

(2) V. GLASSON, *Le droit et les institutions de l'Angleterre*, t. VI, p. 727 et s.

de l'enfance, la société protectrice des animaux, reconnue d'utilité publique en 1860, la ligue contre la licence des rues, mais leurs moyens d'actions sont à peu près nuls et se bornent à la dénonciation. Pourquoi ne pas leur accorder le droit des parties civiles ? Craint-on de remettre entre les mains de théoriciens purs la tranquillité des citoyens ? Ces scrupules paraissent peu fondés. Il suffirait de soumettre les statuts de ces sociétés à une étude sérieuse avant que les pouvoirs publics leur accordent le droit de poursuite. Au surplus, l'expérience a été faite ailleurs et a apporté les résultats les plus heureux (1).

Ce point fut sérieusement discuté tout récemment, lors de l'élaboration de la loi des 19-21 avril 1898 (2), sur *la répression des violences, voies de fait, actes de cruauté et attentats commis envers les enfants.* MM. Strauss et Théophile Roussel proposèrent la disposition suivante qui fut acceptée par la Commission : *Le droit de poursuivre et de se porter partie civile dans les termes de l'article 63 et 182 du Code d'instruction criminelle, peut être concédé par un décret spécial, après avis du tribunal de première instance aux associations protectrices de l'enfance reconnues d'utilité publique, en ce qui touche les violences et attentats commis contre les enfants. Ce droit sera*

(1) V. Glasson, *loc. cit.*
(2) *Journal officiel*, 21 avril 1898.

exercé pour chaque association par un de ses membres spécialement désigné par elle, agréé par le Garde des Sceaux et assermenté.

A la séance du 10 mars 1898, le Sénat vota cette disposition en première délibération, mais à la séance du 21 mars 1898, en deuxième délibération, cet article fut définitivement repoussé après une longue discussion à laquelle prirent part MM. Leporché, Bérenger, Strauss, Milliard, etc.

Il eût été désirable que l'occasion qui se présentait eût amené de plus heureux résultats et eût ouvert enfin à la législation française les moyens de repression si précieux que se sont réservés d'autres législations.

TROISIÈME PARTIE

LÉGISLATION ÉTRANGÈRE

(PRINCIPAUX ÉTATS)

---

§ 1ᵉʳ. — L'exercice de l'action publique est remis en principe aux représentants de l'État.

I. Belgique (1). — L'action publique est exercée en Belgique par les magistrats du ministère public (art. 1ᵉʳ de la loi du Code de procédure civile belge, modifié par la loi de 1878). Le ministère public est indépendant, et il instruit d'office dès que les faits punissables arrivent à sa connaissance. C'est le principe du système français.

Les particuliers ont reçu le droit de mettre l'action publique en mouvement par la voie de la citation directe, s'il s'agit de faits correctionnels et de simple police. En matière de crimes, ils n'ont que la voie de la plainte avec constitution de partie civile, voie qui, comme en France, leur est aussi ouverte en matière

(1) Fuzier-Hermann, *Répertoire*, Vᵒ *Action publique*, nᵒˢ 480 et s. ; — *Pandectes belges*, Vᵒ *Action publique* ; — Haus, *Droit pénal belge*, Gand, 1874 ; — *Bulletin de la Société de législation comparée*, 1881, p. 133.

de délits. Le juge d'instruction qui reçoit la plainte doit la communiquer au procureur du roi, mais il est saisi par la plainte et, quelles que soient les conclusions du procureur, il doit commencer l'information. S'il refusait d'informer, le recours serait ouvert à la partie civile devant la chambre des mises en accusation.

Pour certains délits, dits délits privés, le ministère public ne peut instruire que sur la plainte de la victime. Tels l'adultère (1) (art. 390 C. pénal), la diffamation, injures (450 C. pénal), chasse sur la propriété d'autrui (lois des 16 février 1846 et 29 mars 1875) pêche, passage hors des voies et chemins dans un bois appartenant à un particulier (165 Code forestier), création d'effets de commerce sur une personne qui ne doit rien (art. 509).

De même qu'en France, le ministère public reprend sa liberté après le dépôt de la plainte.

Toutes ces dispositions sont à peu près les mêmes que celles de la loi française : nous ne nous y arrêterons pas.

II. **Pays-Bas** (2). — Le droit pénal néerlandais pose aussi le même principe (art. 2). Les droits des particuliers sont plus réduits que dans la législation

(1) HAUS, vol. 2, p. 373.
(2) FUZIER-HERMANN, V. *Action publique*, nos 480 et s. ; — *Les Codes néerlandais* (traduct. Tripels), Maëstricht, 1886.

belge : *La réparation du préjudice causé par un délit ne peut être demandée que par une action civile et séparée, sauf les cas prévus par la loi* (art. 3). Cependant (art. 202) la partie lésée qui limite sa demande en dommages-intérêts à 150 florins, peut *intervenir dans le procès sur l'affaire pénale*, au moyen d'une déclaration à l'audience publique. Dans ce cas, le tribunal statue par un seul jugement.

III. Italie (1). — Notre Code d'instruction criminelle a encore été l'inspirateur de cette législation, modifiée depuis la loi du 30 juin 1876. L'action pénale est uniquement publique et *est exercée par les officiers du ministère public près les cours d'appel et cours d'assises, les tribunaux et les préteurs* (art. 2).

La partie lésée peut porter plainte, se constituer partie civile, ou citer directement, en matière correctionnelle. Son rôle est précisé formellement dans cette législation.

Tout d'abord, en ce qui concerne l'autorisation de citer, l'article 372, al. 1, prescrit que *la citation directe sera donnée en vertu d'une ordonnance du président, à la suite de la requête de la partie lésée.* La partie lésée doit soumettre sa demande au président, exposer les motifs invoqués et obtenir l'autorisation de poursuivre par l'ordonnance dont nous

____

(1) MOREY, *Code de procédure pénale italien.*

parlons (art. 372-3). La partie civile a encore d'autres obligations. Elle devra faire une déclaration au greffe et élire domicile dans l'acte de citation, consigner les frais au criminel comme au correctionnel (art. 372, al. 2). Les déclarations et conclusions de la partie civile qui ont précédé les débats publics sont notifiées à l'accusé. On a voulu aussi éviter l'ardeur des plaideurs au débat public, et l'article 272 ordonne que la partie civile sera représentée par son avoué, sans pouvoir par un autre moyen et par elle-même, participer au débat. La loi de décembre 1865 sur l'assistance des pauvres, accorde l'assistance judiciaire à la partie civile (1).

Disons enfin que les délits que nous connaissons, adultère et autres, ne peuvent être poursuivis que sur la plainte de la partie civile. Dans le délit d'adultère, la plainte doit être déposée dans un délai déterminé, passé lequel l'époux offensé est considéré comme ayant pardonné.

IV. **Suisse** (2). — La loi de 1851 sur la procédure pénale fédérale décide, dans son article 3, que *la poursuite pénale appartient exclusivement aux autorités et fonctionnaires qui en sont chargés par la*

(1) MARCX, p. 271, note.

(2) FRANK-BRUSMANN, V° *Action publique*, n°ˢ 480 et s.; — NESSI. *Étude sur le Ministère public en Suisse*, 1885. Lausanne; — *Bull. de la Soc. de législ. comparée*, 1881, p. 63. Code de Procédure pénale des différents cantons.

loi. C'est ce principe qui a été généralement adopté dans les divers cantons suisses, par exemple dans le canton de Neufchâtel (1), dans le canton de Saint-Gall (2), de Zurich (3). Cependant le ministère public n'existe pas dans les cantons de Schwytz et d'Appenzell (4).

Presque partout les particuliers ont des droits à la poursuite pénale : le droit de plainte et le droit de citation directe. Dans le canton d'Argovie en particulier, la loi du 7 juillet 1886 permet au plaignant, si le ministère public ne continue la poursuite après l'instruction, de demander, dans la quinzaine de la notification qui lui est faite de la clôture de l'instruction, que l'accusation soit portée devant le tribunal et jugée.

Certains délits (injures, calomnies, adultères, délits ruraux et forestiers), ne seront poursuivis que sur une plainte de la partie lésée. Dans le canton de Fribourg (article 13 de la loi de 1873), cette plainte doit être déposée dans les six mois du délit, sous peine de forclusion pour le plaignant.

Dans certains cas, la partie lésée peut pour tout délit ou crime contre lequel le ministère public ne poursuit pas, recourir contre cette décision devant la Chambre d'instruction.

(1) Loi du 13 juillet 1874.
(2) Code Pénal du 4 janvier 1886.
(3) Loi du 3 mai 1889.
(4) *Bull. de la Société de législat. comparée*, 1881, p. 64.

V. Allemagne (1). — La législation allemande actuelle est assez compliquée. Elle repose sur le Code de procédure pénale du 1er février 1877, entré en application en 1879. Le principe qui domine cette législation est formulé dans l'article 151 : *L'ouverture d'une instruction judiciaire est subordonnée à l'introduction d'une accusation.* C'est la réédition du vieil adage : *Pas d'accusateur, pas de juge.* Sur ce point, la législation pénale actuelle a, en Allemagne, rompu complètement avec le passé. Le système de l'accusation inquisitoriale existait uniquement dans l'ancienne procédure, le Code prussien de 1895 et le Code bavarois de 1813.

En 1848 et 1849, on songea à substituer à la procédure inquisitoriale la procédure accusatoire qui enfin s'établit définitivement en 1877 (2).

Quel sera l'accusateur? L'article 152, § 1, nous répond : *Le ministère public qui, en dehors des cas où la loi en dispose autrement, est tenu d'agir dans toutes les affaires qui peuvent donner lieu à une condamnation et à des poursuites judiciaires, toutes les fois qu'il existe des faits constituant des indices suffisants* (art 152, § 2).

Ce principe est général, ne comporte que quelques

(1) *Code de procédure pénale allemand*, traduit par DAGUIN, 1884 ; — *Bull. de la Soc. de législat. comparée*, 1876, p. 141 et 224 ; 1879, p. 353 ; — FUZIER-HERMANN. *Répertoire*, V° *Action publique*, n° 480 et s.

2 DAGUIN, Introduction.

exceptions. Il donne donc à la législation allemande le caractère des législations accusatoires que nous avons jusqu'ici étudiées.

Remarquons dans le texte de l'article 152 les mots *tenu d'agir*. Les articles 414 et 416 apportent des exceptions à ces prescriptions. Le ministère public n'est pas tenu d'agir quand l'intérêt public n'est pas directement engagé. Il est seul juge de l'opportunité des poursuites. Dans ces hypothèses, la personne lésée pourra exercer une action spéciale dite *action privée*. D'autre part, et en vertu des articles 4 et 5 du Code pénal, le ministère public est encore juge de l'opportunité des poursuites dans le cas de délits commis à l'étranger.

Les particuliers ont-ils des droits sur l'action publique ? Cette législation leur refuse en principe le droit de citation directe devant le tribunal de répression. Leurs droits se bornent aux suivants : 1° celui de déposer une plainte et de provoquer ainsi le Parquet à mettre l'action publique en mouvement ; 2° l'exercice d'une action privée dans certaines infractions ; 3° le droit d'intervention au cours de l'action.

Il est vrai que la plainte est nécessaire souvent pour que le ministère public puisse agir. Certaines infractions (antragsdelikte) lésant avant tout les intérêts privés ou l'honneur des familles, ne pourront être réprimées que sur la plainte des parties lésées. Ce sont : le crime de haute trahison envers un souverain étranger (art. 102, 103, 104), la violation de domicile (art. 123), la fraude en matière de mariage (art. 170), la séduction (art. 179, 180), l'outrage à la mémoire d'une personne décédée (art. 189), le délit d'injures (art. 194), les lésions volontaires (art. 232), l'enlèvement (art. 236, 237), le vol au préjudice des parents et les tromperies envers les proches (247, 288, 289), la chasse sur le terrain d'autrui (art. 292), la violation du secret d'autrui (299), la dégradation de la propriété d'autrui (art. 303). Le retrait de la plainte emportera cessation des poursuites. Le monopole du ministère public n'est donc pas complet.

Le ministère public n'est pas tenu de déférer à la plainte, mais *si le plaignant est en même temps partie lésée, il pourra pendant deux semaines à partir du moment où la décision lui aura été notifiée, se pourvoir devant le supérieur hiérarchique du représentant du ministère public qui l'aura rendue* (art. 170). De plus, si ce pourvoi est rejeté, un nouveau recours est ouvert au plaignant devant le tribunal régional supérieur ou le tribunal de l'Empire. Ces tribunaux peuvent ordonner la mise en accusation de l'inculpé (art. 173).

Le recours devant le tribunal n'existe pas lorsque le ministère public a la faculté de décider s'il y a lieu à poursuites, mais seulement le recours devant l'autorité supérieure au magistrat qui prononce.

L'action privée est organisée limitativement par l'art. 414 : *Les délits d'injures et de lésion corpo-*

relle (1) *pourront, dans les cas où les poursuites ne peuvent être intentées que sur la requête de la personne lésée, être poursuivis par cette personne elle-même par voie d'accusation privée sans qu'il soit nécessaire pour elle d'invoquer préalablement le concours du ministère public.*

L'accusation privée peut aussi être intentée par les représentants de la partie lésée, le mari de la femme lésée, le père de l'enfant (art. 195), le supérieur hiérarchique du fonctionnaire (art. 196).

L'accusateur privé est dans l'obligation de fournir une caution, comme en matière civile (art. 119). Il ne saisit pas directement la juridiction de répression, mais c'est le tribunal qui décide dans ce cas, comme dans le cas de poursuite par le ministère public, du bien fondé de la demande, et renvoie en accusation, ou ordonne la cessation des poursuites (art. 196, 202).

Si l'accusation est prononcée, l'accusateur privé est entendu et appelé *comme doit l'être le ministère public quand il s'agit d'une accusation publique* (art. 235). Le ministère public n'intervient pas nécessairement dans cette procédure. Il ne le fait que si cette intervention lui paraît utile, et dans ce cas c'est lui qui dirige la procédure, et le particulier lésé n'a plus qu'un rôle d'intervenant, limité par les règles que nous allons établir. Notons auparavant que l'ac-

---

(1) Articles 223 et 230.

cusateur privé est véritable maître de la poursuite. Il peut l'arrêter, alors que le ministère public ne peut jamais dessaisir la juridiction criminelle (1).

L'intervention au procès est dans la procédure pénale allemande le moyen d'action le plus usité par la partie lésée.

Ce droit d'intervention est ouvert d'abord à toute personne ayant le droit d'introduire une action privée, et elle peut en user, nous dit l'article 435, *à tout état de la procédure.... Cette intervention pourra même se produire après le jugement en vue d'user d'une voie de recours.*

En second lieu, le plaignant qui, sur le refus du ministère public d'exercer des poursuites a provoqué une décision du tribunal pour ordonner une accusation, a encore le droit d'intervenir aux débats, pourvu que le fait reproché ait été dirigé *contre sa vie, sa santé, son état civil ou ses biens* (art. 435), et ceci s'explique : le ministère public doit être en effet peu disposé à agir efficacement dans une poursuite qui lui est imposée.

Enfin, quand la loi permet à la partie lésée de réclamer une composition, c'est-à-dire une réparation pécuniaire prononcée dans certains cas par les tribunaux contre la personne reconnue coupable, la partie lésée peut encore intervenir (art. 443). La composition

_____

(1) DAGUIN, Introduction, p. 90.

est une peine prononcée au profit de la victime : elle diffère des dommages-intérêts qui sont toujours représentatifs du préjudice encouru, tandis que cette composition est limitée à une somme que le tribunal ne peut jamais dépasser : ce n'est pas non plus une amende puisque le Trésor public n'en profite pas, mais seulement la victime, et ne peut en conséquence être convertie en peine corporelle.

L'accusateur par intervention n'est pas obligé de fournir une caution, comme l'accusateur privé. La partie lésée qui désire intervenir n'est admise à le faire que par le tribunal.

Tels sont les droits des particuliers dans la législation allemande. Nous croyons qu'ils sont organisés sur des principes différents de ceux qui inspirent notre législation. Beaucoup plus restreints dans leur application, sur d'autres points cependant ils donnent à la partie lésée une action beaucoup plus profonde sur la poursuite pénale par le moyen de l'accusation privée. Il nous paraît que cet ensemble manque de netteté. D'une part, on réduit les pouvoirs des particuliers à quelques hypothèses, alors que la présence au procès pénal de tout intéressé ne pouvait avoir aucune conséquence nuisible. Là où on les admet à paraître, on exagère peut-être leurs droits, en leur permettant des recours qui ne peuvent que porter atteinte à l'autorité du magistrat et le placer dans cette situation singulière d'agir malgré lui. Autre disposition bien particulière :

les tribunaux de répression seront soumis au caprice et à la fantaisie du poursuivant dans le cas d'accusation privée, puisque le poursuivant peut à son gré retirer son accusation et mettre fin aux poursuites. Le ministère public est privé au contraire de la faculté de désistement, et il y a là un défaut d'harmonie inexplicable.

Enfin, la demande en dommages-intérêts ne peut être introduite que devant les tribunaux civils ; l'action civile est complètement séparée de l'action pénale.

VI. Autriche (1). — La législation pénale autrichienne a subi depuis un siècle des transformations analogues à celles de l'Allemagne, bien que définitivement les dispositions de la loi actuelle soient différentes sur de nombreux points dans les deux pays. D'après le Code autrichien de 1803, le juge se saisissait d'office. Bientôt l'influence de la législation française se fit sentir en Autriche comme en Allemagne et la constitution impériale du 4 août 1849 posa en principe la procédure accusatoire organisée par le Code de 1850. A ce Code succéda celui de 1853 complété par la loi du 21 décembre 1867.

Enfin parut en 1873 le Code actuel, mis en appli-

(1) *Code d'instruction criminelle autrichien*, traduit par BERTRAND et LYON-CAEN (1875) ; — FUZIER-HERMANN, *Répertoire* V° *Action publique* ; — *Bull. de la Soc. de législat. comparée*, 1875, p. 63 ; — GLASER, *Le Code autrichien de procédure criminelle de 1873* (*Rev. de droit internat.*, 1874, p. 361).

cation en 1874. La procédure inquisitoriale était définitivement remplacée par la procédure accusatoire.

Aux termes de l'article 2 : *La poursuite en justice d'un acte punissable n'a lieu que sur la réquisition d'un accusateur. La procédure est orale et publique.*

L'accusateur peut être soit le ministère public, soit la partie lésée, dans certaines conditions. Le ministère public est composé de procureurs d'État près les cours de première instance, de procureurs généraux près les cours de seconde instance, d'un procureur général près la Cour de Cassation. Ils ont des substituts.

L'accusateur, qu'il soit membre du ministère public ou partie lésée, jouit de la plus grande indépendance. Il est maître de l'action, il la restreint ou l'abandonne et ses réquisitions sur ce point sont obligatoires pour le tribunal (1). Comme conséquence, dans cette législation, aucune décision judiciaire préalable du juge d'instruction ou d'un tribunal d'accusation ne sera nécessaire pour saisir la juridiction de jugement. L'acte d'accusation sera rédigé par l'accusateur, et la juridiction de jugement saisie immédiatement par lui (2). L'accusé peut exercer son recours par une opposition devant la cour de seconde instance qui peut infirmer l'acte d'accusation (3).

Le ministère public n'est limité dans son droit de

(1) Art. 199, 227, 239.
(2) Art. 207.
(3) Art. 208 et s.

poursuite que par une exception que nous retrouverons toujours. Il devra attendre la plainte de la partie lésée avant d'instruire les délits spéciaux qui portent atteinte directe à la victime, dans ses droits personnels ou de famille. Ces délits sont très nombreux dans la législation autrichienne.

Quant à la partie lésée, elle a des droits très étendus : 1° celui de porter directement l'action publique devant le tribunal de répression quand il s'agit de *délits* qui ne peuvent être poursuivis que sur sa plainte (1) ; 2° celui d'exercer l'action pénale subsidiaire ; 3° elle peut se porter partie civile en se joignant au ministère public.

Revenons sur ces dispositions. Dans la poursuite des délits réservés à l'initiative de la victime, celle-ci porte, avons-nous dit, l'accusation devant le tribunal. Elle exerce entièrement l'action publique de la même façon que le ministère public (2). Si elle renonce à son action après l'introduction des poursuites, l'accusé doit être acquitté. L'accusateur peut demander au ministère public de le représenter (3). L'accusation privée ne peut être exercée contre les personnes accusées de crimes. Les crimes doivent être poursuivis d'office par le ministère public, et si celui-ci ne le fait, la voie de l'action subsidiaire est ouverte à la victime.

(1) Art. 46.
(2) Art. 46, 2°.
(3) Art. 46, 2° et 50.

L'accusation privée subsidiaire est un droit des plus curieux réservé par le Code de 1873. Si le ministère public refuse de poursuivre ou abandonne l'accusation, ce qui entraînerait l'acquittement du prévenu, *la partie civile a le droit de soutenir et mener l'accusation au lieu et place du ministère public* (1), quelle que soit l'infraction dont il s'agit, crime ou délit. Elle conclut à l'application de la peine au lieu et place du magistrat. Ce droit est, on le voit, fort étendu et constitue une innovation presque inconnue dans les autres législations. Il importait de l'entourer de garanties spéciales. L'accusation privée subsidiaire ne pourra être portée directement devant le tribunal de répression sans une instruction préalable (2). Puis, pour éviter des tentatives frauduleuses de l'accusateur, la surveillance de l'action privée subsidiaire a été remise au ministère public qui peut reprendre la poursuite abandonnée par la partie lésée *en quelque état qu'elle soit* (3). *Par ces dispositions on a cherché à prévenir autant que possible une exploitation chicanière de l'action subsidiaire privée..., le but de l'institution est au fond de stimuler chez le ministère public le sentiment du devoir, de façon qu'elle-même ne doive jamais être mise en œuvre* (4).

Enfin l'article 47 dispose que : *toute personne lésée*

(1) Art. 48.
(2) Art. 40.
(3) Art. 49.
(4) GEYER, *Revue de droit international*, 1874, p. 378.

par un crime ou un délit qui doit être poursuivi d'office, peut, jusqu'au commencement des débats, joindre son action civile à la procédure et devenir ainsi partie civile.

La partie lésée doit faire une déclaration pour se porter partie civile, mais le juge d'instruction facilite cette déclaration en lui demandant au moment de sa déposition si elle entend user de cette faculté.

Nous voyons donc que la législation autrichienne présente un grand intérêt d'étude. La partie lésée ne peut pas, il est vrai, comme dans notre droit français, citer directement devant le tribunal de répression pour tous les délits dont elle a été victime. Ses droits sont limités à des délits spéciaux, mais vis-à-vis de ceux-ci elle exerce véritablement l'action publique. Joignons à ces avantages ceux réservés par la constitution de partie civile et l'accusation privée subsidiaire, nous reconnaîtrons que ce système, s'il s'inspire à la vérité des principes de notre Code sur le ministère public, est cependant, dans la procédure accusatoire, le trait d'union entre les systèmes d'accusation publique et ceux qui ont pour base principale l'accusation privée.

Il nous permet donc de passer à l'étude de ces dernières législations.

Auparavant constatons que l'institution du ministère public existe dans presque tous les pays d'Europe. C'est ainsi qu'en Grèce (1), dans l'île de Malte (2), en

(1) COSTY, *Manuel de procédure civile.*
(2) FUZIER-HERMANN. *Répertoire,* V° *Action publique,* n°° 48 et s.

Roumanie (1), en Russie (2), en Suède (3), en Écosse, en Irlande (4), l'action publique appartient au Gouvernement et est exercée par ses fonctionnaires suivant des organisations variables dont nous ne pouvons ici aborder l'étude.

Le ministère public existe aussi en Espagne, mais la poursuite des crimes et délits est autorisée pour les particuliers dans des conditions assez semblables à celles que nous avons examinées à propos de la législation autrichienne.

§ II. — L'exercice de l'action publique est remise en principe aux particuliers.

Angleterre. — L'Angleterre est le seul grand État où les particuliers ont reçu le rôle prépondérant dans la poursuite des infractions à la loi pénale.

Cette législation présente une étude des plus intéressantes, quelle que soit l'efficacité du système qu'elle admet (5). La législation anglaise est au composé de

(1) *Code de procédure pénale Roumain.*

(2) *Ann. de la Soc. de législat. comparée*, p. 588.

(3) *Revue de droit international*, 1872, p. 701.

(4) Fuzier-Herman, V° *Action publique*, n°° 480 et s.; — Glasson, *Hist. du droit et des institut. de l'Angleterre*, 1883, t. VI.

(5) Glasson, *Hist. du droit et des institut. de l'Angleterre*, 1883, t. VI; — *Bull. de la Soc. de législat. comparée*, 1880, p. 209; 1876, p. 81 et 1885, p. 40; — Fuzier-Herman, *Répertoire*, V° *Action publique*, n°° 480 et s.; — Mittermaier, *Traité de la procéd. crim. en Angleterre, en Écosse et dans l'Amérique du Nord*, par Chouffard, 1868; — Pavitt (solliciteur à Londres), *Le droit anglais codifié*, Paris, 1885; — Lacuana, *Note sur la procéd. crim. anglaise* (Soc. de la législat. comparée, 1877, p. 241).

traditions et de lois reposant sur les habitudes, l'opinion publique, et rendues après de nombreuses enquêtes.

Si l'on rapproche la législation anglaise des législations anciennes, c'est avec le système romain qu'elle offre le plus de ressemblances. Chez les Romains, comme en Angleterre, l'accusation populaire est la règle. Cependant quelle profonde différence dans les principes qui inspirent cette règle! L'infraction, ce n'est plus le tort causé aux particuliers, mais la lésion portée au corps social. Chaque citoyen, aussi bien la victime que tout autre, peut poursuivre le délit, car il exerce une charge, dans l'intérêt de l'ordre et de la tranquillité publique. Cette notion de l'infraction est tellement nette dans le système anglais qu'il n'admet pas l'existence de délits pouvant être poursuivis par la partie lésée comme dans certaines législations : que bien plus, il n'admet pas la constitution de partie civile devant les tribunaux répressifs, ceux-ci n'ont à se préoccuper que de la question pénale.

Au principe accusatoire, la loi anglaise n'admet pas d'exception : le juge ne peut se saisir d'office.

C'est le citoyen qui introduira les poursuites. Cependant le pouvoir ne peut rester impassible: lui aussi, a un intérêt au maintien de l'ordre public. C'est pourquoi, à côté du citoyen, la couronne a pu désigner ses défenseurs particuliers, qui agiront à défaut des citoyens, en tout cas dans certaines hypothèses où l'ordre public est particulièrement engagé. C'est ainsi que nous trouvons tout d'abord *l'attorney general*, le *solicitor general*, et *l'avocat de la Reine*, ce dernier chargé de donner son avis sur les questions de droit.

L'attorney general et le *solicitor general* qui est l'auxiliaire du premier, ne sont pas, à proprement parler, des fonctionnaires publics. Ils sont choisis parmi les avocats plaidants et peuvent conserver leurs travaux privés. Ils ne sont pas obligés d'exercer les poursuites. Quand il s'agit de procès politiques et d'affaires exceptionnellement graves, ils les engagent sur l'ordre du gouvernement, mais dans tous les cas il n'a pas plus ce droit qu'un autre accusateur.

A côté de ces affaires de la Couronne, qui presque toujours absorbés par leurs affaires particulières, n'agissent pas, nous en trouvons un autre dont les fonctions se rapprochent de celles des magistrats de notre ministère public, c'est le *coroner*. Il est chargé de rechercher si une personne décédée de mort violente, ou par suite de cause suspecte, a été victime d'un crime. Le *coroner* a auprès de lui un jury qui entend les témoins appelés par le *coroner* et décide s'il y a lieu d'envoyer l'accusé devant le tribunal de répression. Signalons enfin, dans cet ordre d'idées, le *Queen's proctor*, chargé de représenter l'État en matière de divorces et causes matrimoniales, et qui peut s'opposer à la rupture du mariage (1).

(1) *Ann. de la Soc. de législat. comparée*, 1880, p. 13; — GLASSON, p. 182.

Ces officiers publics ne peuvent être assimilés aux membres de notre ministère public. Ce sont des dignitaires de la couronne beaucoup plus que des fonctionnaires, puisque, nous le voyons, presque toujours libres d'agir, et que du reste leur mission, à part celle du *coroner* pour les grands crimes, est presque toujours limitée aux matières politiques.

Ce sont donc les simples particuliers qui dirigent l'accusation, et ils la dirigent au nom du pouvoir, exerçant par conséquent une véritable magistrature, en vertu du devoir qui leur incombe, en qualité de citoyens, de veiller à l'ordre public. Toutes les formules portent que le débat se déroule entre l'accusé et la reine.

Ce droit du particulier est général, qu'il ait été lésé ou non, que le fait reproché soit un crime ou un délit. Libre d'agir, il peut aussi rester passif : la loi ne l'oblige pas à poursuivre l'infraction dont il a connaissance ou dont il a été victime. Cependant, à ce point de vue, il existe deux exceptions (1) : 1° en cas de faux témoignage, la Cour peut forcer toute personne à poursuivre ; 2° en cas de mauvais traitements envers des mineurs au-dessous de 16 ans, les juges de paix peuvent obliger à la poursuite leurs répondants.

D'autre part, l'auteur de toute infraction est soumis à la poursuite des particuliers, sans distinction entre

____

(1) *Bull. de la Soc. de législat. comparée*, 1876, p. 81.

les qualités différentes que peuvent avoir ces auteurs ; qualités de fonctionnaires, de magistrats ou autres.

Le pouvoir du citoyen n'a donc pas de limite à ce point de vue, et remarquons que son droit sur l'action publique est aussi le plus étendu dans la poursuite de chaque infraction. Ce n'est pas le droit de mise en mouvement qui lui est donné, mais le droit d'exercice de l'action dans son sens le plus absolu. Il soutient l'accusation à toutes les phases du procès, déposant d'abord sa plainte devant le juge de paix, magistrat chargé de l'instruction, appelant les témoins nécessaires, ou bien citant directement devant le grand jury, s'il le préfère.

Lorsque l'information est terminée et le renvoi devant la justice criminelle ordonné par le juge, l'accusateur rédige l'acte d'accusation ou le fait rédiger par son avocat, et le soutient devant le grand jury.

Enfin, devant le jury de jugement, lorsque le grand jury a admis l'accusation, le poursuivant soutient cette accusation, fait entendre ses témoins, les interroge (1) et procède à toutes les formalités.

Bien plus, après la condamnation, si le condamné n'était pas détenu, l'accusateur devra faire exécuter le *warrant* d'arrestation.

Tel est le système anglais dans ses formes générales. Ce que nous avons vu dans les anciennes législations

---

(1) *De la procédure criminelle en France et en Angleterre*, par DELAWARE-LEWIS, magistrat anglais, 1882.

accusatoires, doit fatalement se produire, en Angleterre, de nombreuses infractions risquant de rester
impunies par absence de l'accusateur. M. Glasson,
dans son ouvrage si précieux (1), nous donne une
statistique intéressante : *Les relevés présentés au Parlement établissent que sur 60,000 infractions signa-
lées chaque année par la police, c'est à peine si 30,000
sont portées devant les juges de paix, et sur cette
moitié, 13,000 affaires seulement aboutissent à une
procédure complète, de sorte que les trois quarts des
délits restent impunis.* Et comment s'étonner de cette
situation ? Il faut compter tout d'abord avec l'indifférence du citoyen, même dans un pays comme l'Angleterre, où le caractère, les aptitudes sociales, sont
cependant tournés vers la recherche de l'intérêt général.
Puis le procès est engagé aux frais de l'accusateur. La
plupart du temps, il doit recourir aux lumières d'un
homme de loi, il doit escompter le danger des allusions
possibles entre témoins et accusés dans des poursuites
de surveillance difficile ; par suite s'exposer à des
condamnations civiles pour réparation du dommage
envers l'accusé.

Aussi a-t-on songé de tout temps à corriger cette
situation. Souvent le magistrat, estimant la poursuite
nécessaire, confie l'accusation à son greffier. Il arrive
souvent aussi qu'un fonctionnaire de la police se porte
accusateur sur l'ordre de son chef. Vers 1842, plusieurs

(1) GLASSON, *op. cit.*, t. VI, p. 728.

grandes villes troublées dans leur tranquillité par des crimes toujours impunis, et menacées par suite dans leur développement, songèrent à créer des mandataires ayant pour mission d'exercer le droit de poursuite en leur nom. Ces mandataires, *public prosecutors*, choisis parmi les *solicitors*, reçurent un traitement fixe. Les résultats obtenus furent bientôt décisifs dans les grands centres, à Liverpool, Leeds, Manchester, Newcastle, et décidèrent beaucoup d'autres villes à suivre ce bon exemple ; cette pratique se répandit rapidement dans toute l'Angleterre.

De cette idée à celle d'un ministère public agissant dans l'intérêt social et tirant son pouvoir du gouvernement, il y avait peu de distance. Déjà, en 1855, Lord Brougham réclamait l'institution du ministère public : *Quand la poursuite est résolue, des fonctionnaires spéciaux devraient être chargés de préparer l'accusation et de diriger des poursuites devant le juge.... un système de procédure criminelle ne peut être que radicalement imparfait, s'il ne possède pas un accusateur public..... Nous pourrions conserver en Angleterre le grand jury (jury d'accusation) pour servir de contre-poids au ministère public qui doit être l'agent du pouvoir ; mais, dans tous les cas, c'est une nécessité de premier ordre d'introduire ce rouage indispensable dans notre administration judiciaire* (1).

(1) *British constitution*, 1861 p. 329-330, cité par Picot, *Notes sur l'organisation du Tribunal de police à Londres*, p. 45.

Depuis cette époque, de nombreux bills furent élaborés jusqu'en 1874 (1). A cette date, le gouvernement présenta à la Chambre des Communes un bill qui créait les *public prosecutions*. Les poursuites publiques devaient être dirigées par un *chief public prosecutor*, résidant à Londres, par des officiers supérieurs dans les grandes villes, choisis parmi des *attorneys* et les greffiers de justice de paix.

L'*attorney general* conservait ses attributions.

Les droits des particuliers étaient maintenus, mais ils étaient privés de ceux du *public prosecutor* toutes les fois que celui-ci se chargeait de la poursuite.

Du reste, on ne réclamait dans le projet que des réformes partielles et successives, dans la mesure stricte des besoins.

Le *Lord chief justice* réclamait au contraire une réforme absolue, et demandait un véritable ministère public organisé aussi fortement que sur le continent.

Toutes ces discussions aboutirent à la loi du 18 février 1879, qui ne crée pas un véritable ministère public, mai qui s'inspire de nécessités pratiques dont la reconnaissance semble annoncer cette institution pour un prochain avenir. La loi de 1879 établit un *Directeur des poursuites publiques* placé sous la surveillance de l'*attorney general* (art. 2). Six assistants pourront être nommés au directeur par le Ministre. Ces fonctionnaires seront rétribués par le

____

(1) FRANCK-CHAUVEAU, *Bull. de la Soc. de législat. comparée*, 1886, p. 81.

Trésor. Ils sont choisis parmi les membres du barreau ou les *solicitors* de la Cour suprême, mais ils ne peuvent continuer à exercer leurs professions (art. 4).

Ils devront intenter, sous la surveillance de l'*attorney general* les poursuites criminelles et prêter leur assistance à toutes personnes engagées dans un procès criminel.

Leurs droits n'absorbent pas ceux des particuliers ; cependant le directeur des poursuites publiques peut prendre l'action à sa charge et se substituer au poursuivant dans les cas importants.

Du reste, si le directeur abandonne une poursuite, toute personne peut réclamer auprès d'un juge de la Haute-Cour pour obtenir la continuation des poursuites par le réclamant ou le directeur (art. 6).

Cette loi de 1879 fut complétée par une loi rendue le 14 août 1884. Cette loi ne modifie pas le système de 1879. Elle se contente de remettre entre les mains du *solicitor du trésor* les fonctions de *Directeur des poursuites*. Le solicitor du trésor était primitivement chargé d'exercer l'action que décidait le directeur des poursuites. Pour des raisons de simplicité de forme et d'économie, la loi de 1886 décida de remettre entre les mains de la même autorité les deux fonctions de directeur et de solicitor du Trésor. C'est ce dernier qui absorbe l'autre. Le solicitor du Trésor ne peut agir que sous la surveillance de l'attorney général comme d'après la loi de 1879.

Ce système n'a pas mis fin aux critiques. Les poursuites publiques sont encore restreintes en Angleterre. Au reste, l'esprit anglais supporterait difficilement des fonctionnaires analogues à ceux qui composent notre ministère public. L'idée dominante qui inspire le législateur dans ce pays, c'est avant tout celle de la liberté du citoyen et du respect de ses droits vis-à-vis de la puissance publique.

Cependant il n'en est pas moins vrai que si la prépondérance appartient toujours aux particuliers, dans la poursuite criminelle, il se manifeste réellement en Angleterre une tendance vers le système adopté par tous les peuples : la poursuite des infractions par l'État, au moyen de l'institution du ministère public. Nous croyons que les exigences sociales conduiront aussi l'Angleterre à cette solution définitive. Mais dans ce pays de liberté, jamais les droits des particuliers ne seront supprimés; c'est à lui surtout qu'il appartient de reconnaître aux citoyens des droits légitimes sur l'action publique, puisque les citoyens sont les premiers défenseurs de l'ordre public, puisque l'infraction à la loi pénale n'atteint le corps social qu'après avoir lésé leur propres droits.

Vu :
Le Président de la thèse,
LE POITTEVIN.

Vu :
Le Doyen :
GLASSON.

Vu et permis d'imprimer :
Le Vice-Recteur de l'Académie de Paris,
GRÉARD.

TABLE DES MATIÈRES

Saint-Brieuc. — Typ. F. Guyon, rue Saint-Gilles, 4 (1090-10-99).